AF315999

DÉPÔT LÉGAL
SAÔNE & LOIRE
71 36
1897

3871

NAPOLÉON BONAPARTE

ET

LES GÉNÉRAUX DU TEIL

(1788-1794)

L'ÉCOLE D'ARTILLERIE D'AUXONNE

ET

LE SIÉGE DE TOULON

PAR

LE BARON JOSEPH DU TEIL

(Extrait de : *UNE FAMILLE MILITAIRE au XVIIIe siècle*)

PARIS

ALPHONSE PICARD ET FILS, ÉDITEURS

82, RUE BONAPARTE, 82

M.DCCC.XCVII

NAPOLÉON BONAPARTE

ET

LES GÉNÉRAUX DU TEIL

1788-1794

JUSTIFICATION DU TIRAGE

———

5 ex. sur papier des manufact^{res} imp^{les} du Japon. n°s 1 à 5
10 ex. sur papier de Hollande Van Gelder....... n°s 6 à 15
100 ex. sur vélin fort......................... n°s 16 à 115

N^{o}

———

MACON, PROTAT FRÈRES, IMPRIMEURS.

JEAN-PIERRE, BARON DU TEIL

LIEUTENANT GÉNÉRAL DES ARMÉES DU ROI

(1722-1794)

(1722-1794)

NAPOLÉON BONAPARTE

ET

LES GÉNÉRAUX DU TEIL

(1788-1794)

L'ÉCOLE D'ARTILLERIE D'AUXONNE

ET

LE SIÈGE DE TOULON

PAR

LE BARON JOSEPH DU TEIL

PARIS

ALPHONSE PICARD ET FILS, ÉDITEURS

82, RUE BONAPARTE, 82

—

M DCCC.XCVII

L'ÉCOLE D'ARTILLERIE

D'AUXONNE

I

PREMIÈRES ÉCOLES D'ARTILLERIE
FONDATION DE L'ÉCOLE D'AUXONNE

La première école d'instruction d'artillerie qui ait existé est celle de Douai qui fut créée par ordonnance royale du 1er mai 1679 : elle devait suivre le régiment des Fusiliers du roi ; aussi fut-elle transférée à Lille dès le 1er novembre suivant, lorsque le corps changea de garnison ; postérieurement elle se transporta à Metz et à Strasbourg. Quant au premier règlement pour l'exercice des cadets de l'artillerie, il est dû à Surirey de Saint-Remy [1].

Un commissaire provincial était généralement à la tête de ces écoles : les officiers et cadets « avoient leur logement chez les Bourgeois dans les villes où ils estoient en garnison. Ils estoient exercez à toutes les

1. Pierre de Surirey de Saint-Remy, † 1716, lieutenant du grand maître 1703. Voir ses « Mémoires d'artillerie », Paris, Anisson, 1697, 2 vol. in-4, t. I, p. 30 et suivantes.

fonctions qui pouvoient faire de bons officiers de l'artillerie »..... Leur instruction portait sur les pièces de canon, leurs calibres, leurs dimensions, leur service ; les armes des pièces, les boulets, les boulets creux et rouges, les cartouches, les affûts, les avant-trains ; les chariots à canon, triqueballes et traîneaux, les batteries et plates-formes ; les pierriers, les mortiers, les bombes, les batteries de mortiers, les pétards, les affûts des mortiers ; les armes de guerre, les arquebuses, les grenades, les carcasses, petits canons et petites grenades, les artifices ; les chèvres et crics, les balances, les clous, les outils des pionniers et des ouvriers ; les cordages, sacs à terre, hottes et paniers ; les moulins, les bois en usage dans l'artillerie ; les fontes et fonderies, la poudre, le plomb, les mèches, les tonnes et barils ; les ponts et pontons ; les mines ; les chariots à munitions ; les chevaux de frise ; les ustensiles et l'entretien des magasins, les parcs d'artillerie ; les fonctions des officiers et leur subordination ; la marche et la formation des équipages, les détachements et les convois, enfin les inventaires à dresser et les états à remettre.

Les leçons étaient données par écrit ; les interrogations alternaient avec les exercices ; on rendait compte tous les quinze jours de la conduite des officiers au grand maître qui recevait, au commencement de chaque mois, une copie des leçons du mois précédent.

Les commissaires qui savaient les mathématiques, les fortifications et le dessin, donnaient des leçons les jours non consacrés aux exercices ; certains jours étaient réservés aux leçons particulières d'équitation,

d'escrime, de danse, d'écriture et d'arithmétique.
Enfin les cadets étaient obligés « à entendre tous les
jours la Messe à une certaine heure et de fréquenter
les sacremens ».

Une école fixe venait d'être fondée à La Fère, en
1719, quand parut l'ordonnance du 5 février 1720,
dictée par l'intention qu'avait le roi d'unir les officiers
de l'artillerie et le Régiment Royal-Artillerie en un
seul corps. Il y eut dorénavant autant d'écoles d'artillerie que de bataillons du régiment; elles furent établies dans les cinq villes où ces bataillons furent mis
en garnison : La Fère, Metz, Strasbourg, Grenoble et
Perpignan, mais eurent une existence distincte de
celle de ces corps de troupe qui changeaient entre eux
de résidence, sans que les écoles d'instruction fussent
déplacées. L'école de Perpignan fut transférée à
Besançon en 1729, et celle de Grenoble à Valence en
1777; deux écoles nouvelles furent créées, l'une à
Auxonne en 1756, l'autre à Douai en 1767.

La réunion momentanée des corps de l'artillerie et
du génie apporta des changements dans cette organisation par l'établissement, en date du 8 avril 1756,
d'une école spéciale à La Fère, pour la préparation des
futurs officiers de l'arme : cinquante places d'élèves
furent mises au concours entre tous les cadets et
volontaires du corps, sur le pied de dix places pour
ceux de chacune des anciennes écoles : les élèves
reçus à La Fère avaient rang de sous-lieutenant, avec
quarante livres d'appointements par mois, et étaient
annuellement interrogés par un examinateur qui
devait s'attacher « à discerner les genres auxquels

chacun d'eux montrait le plus de disposition ». Suivant le rapport que le roi recevait de ces examens, il désignait ces jeunes officiers, soit pour entrer dans les bataillons et y remplir les places vacantes, soit pour passer à l'école de Mézières, fondée en 1748, et destinée à la formation des ingénieurs militaires : c'était en somme l'embryon de notre École polytechnique. En 1765, cette école, commandée par Gomer[1], se transporta à Bapaume et se composa de soixante élèves ; lorsqu'elle fut définitivement supprimée, en 1772, elle en comptait quatre-vingts depuis 1768[2].

Les anciennes écoles d'artillerie qui avaient été maintenues comme écoles d'application reprirent, par l'ordonnance du 15 décembre 1772[3], toute leur importance et la conservèrent jusqu'au rétablissement de l'école des Élèves, à Châlons-sur-Marne, le 1er janvier 1791[4]. On revenait au système des volontaires et cadets, attachés à chacun des bataillons des régiments

1. Louis-Gabriel, comte de Gomer, 1718 † 1798, maréchal de camp 1780. Anatole de Guillebon, fils de Claude-Antoine, des chevau-légers 1761, et de Gabrielle-Marie-Ursule de Gomer, marié en 1824 à Eulalie du Teil, était arrière-petit-neveu de cet officier général.

2. Esquisse historique sur les écoles d'artillerie, pour servir à l'histoire de l'école d'application de l'artillerie et du génie, général Le Puillon de Boblaye, Metz et Paris, sans date, in-8°.

3. A noter ici l'avis des maréchaux de France qui, le 26 mars 1774, avaient dit : « Nous regardons aussi comme nécessaire de rétablir l'instruction des écoles d'artillerie sur le pied où elles étoient avant 1772. »

4. La première promotion comprit un maréchal de France, Marmont, entré 20e et sorti 26e.

d'artillerie et suivant les cours des écoles de leur garnison ; un pas fut fait néanmoins, le 8 avril 1779,
vers le système d'une école unique d'instruction :
six places d'élèves furent créées, dans chacune des
écoles d'artillerie, et l'examen de ces jeunes officiers
était passé tous les ans, par un membre de l'Académie
des sciences, dans l'une des écoles où tous se trans-
portaient momentanément. Ce fut donc, en somme,
le régime établi par l'ordonnance de 1720 qui persista
jusqu'en 1791.

Au sujet de la manière dont l'instruction était donnée, la méthode, indiquée dans ses grandes lignes par
l'ordonnance du roi et commentée par le duc de
Maine, fut développée dans un très-remarquable règlement, en date du 23 juin 1720, et dû à la collaboration
de Camus-Destouches [1] et de Vallière, le premier
directeur général au département de Flandre, Hai-
naut, Picardie, Artois, Champagne, les Trois-Évêchés
et Alsace, le second inspecteur général au département de Franche-Comté, Dauphiné, Provence, Rous-
sillon et les côtes de l'Océan jusqu'en Bretagne.

Dès le début du règlement, on marque l'intention
bien arrêtée de faire marcher « d'un pas égal et uniforme » les cinq écoles nouvelles. Antérieurement,
bien que le but fût le même, l'instruction était donnée
d'une manière différente dans les divers bataillons,
ce qui pouvait « embrouiller l'esprit d'un officier et le
rebuter quand il passait d'une école dans une autre ».

1. Louis Camus, chevalier Destouches, † 1726, maréchal de
camp 1718, directeur général des écoles d'artillerie, 14 février
1720.

Une discipline rigoureuse devait être observée dans ces établissements car, dans le service de l'artillerie, « la moindre faute peut être de la dernière importance et traverser quelquefois de grands desseins ; » les jeunes officiers indociles devaient être sévèrement punis et l'on espérait que les anciens, « bien loin de tomber en faute, donneraient l'exemple aux nouveaux. » Les commandants rendaient compte au directeur ou à l'inspecteur du département de l'application et des progrès de chaque officier : « Ceux qui auront l'ambition, disaient en terminant les auteurs du règlement (et tous doivent en avoir), ne se contenteront pas de ce qu'ils auront vu et entendu aux écoles ; ils étudieront chez eux, ils prendront des leçons particulières, et il arrivera souvent que, par leurs méditations et leur application, ils iront au delà des instructions qu'on leur aura données. Le progrès de leur étude les encouragera ; ils acquerront tous les jours de nouvelles lumières, ils parviendront au premier mérite de leur profession, et c'est l'unique objet que doit avoir un officier. » On ne saurait mieux dire en vérité : les artilleurs étaient, comme l'on voit, à bonne école.

L'instruction durait toute l'année et se donnait alternativement chaque matin à l'école de théorie qui durait trois heures ou à l'école de pratique dont les séances étaient de cinq heures : chaque école se tenait ainsi trois fois par semaine. L'école de théorie ou de mathématiques était à l'usage des officiers[1] et des

---

1. Capitaines en second, lieutenants et sous-lieutenants.

cadets appelés à le devenir ; mais les simples soldats qui avaient de l'intelligence et de l'émulation pouvaient être autorisés par le commandant à y assister [1]. L'école était présidée par un capitaine en premier ; les leçons du maître de mathématiques roulaient sur l'arithmétique, la géométrie, la trigonométrie, la planimétrie et la stéréométrie ; l'on devait y enseigner aussi les fortifications, la mécanique et l'hydraulique. Le maître devait se porter de temps en temps sur le terrain, avec les officiers suffisamment instruits, pour leur montrer l'application de ces sciences à la pratique et les mettre à même non seulement d'exécuter avec sûreté les ordres qu'ils pourraient recevoir, mais encore d'enseigner aux autres et de les commander.

Tous les éléments de l'école de pratique étaient rassemblés à proximité d'un terrain propre aux exercices et ouvrages auxquels les officiers devaient présider et les soldats travailler. Le parc y était formé et, dans le voisinage, s'élevait un corps de garde pour une quarantaine d'hommes ; l'équipage de l'école se composait de vingt pièces de canon [2], six mortiers [3] et deux pierriers ; l'on devait parquer les munitions pour quinze jours. Un couvert était édifié pour loger tout ce qui pouvait se détériorer à l'air et pour établir les ateliers des artificiers et ouvriers en fer et en bois.

1. L'on eut au xviiie siècle, dans l'artillerie, le très-remarquable exemple donné par Jean Guille, 1689 † 1758, qui, simple « charpentier ordinaire » dans une compagnie d'ouvriers, en 1706, parvint, par son travail et son intelligence, au grade de brigadier des armées du roi en 1748.

2. Quatre de chacun des calibres, 24, 16, 12, 8 et 4.

3. Quatre de 12 pouces et deux de 8.

Les écoles recevaient une grande extension : indépendamment des instructions ordinaires, relatives au service des bouches à feu et aux simples détails de l'artillerie, il en fallait donner sur l'attaque et la défense, sur les sapes et les mines, de manière à former des officiers également propres à faire la guerre de campagne et de siége, à attaquer comme à défendre des places ; à cet effet, les pièces étaient réparties entre des batteries d'exercice où le service du canon devait se faire suivant un règlement unique, et le parc où avaient lieu les manœuvres de force : nomenclature des bouches à feu et de tous les agrès, composition de la poudre, des artifices et des fontes, ordre et arrangement des munitions dans les magasins, tenue des arsenaux, rien n'était oublié [1].

L'on devait enseigner aux officiers la progression à suivre dans l'exécution d'un projet de siége, la composition et le maniement d'un équipage de campagne, les mouvements dans les marches de l'armée, pour l'attaque d'un poste et sur le champ de bataille ; ils apprenaient à se servir des pontons ou à construire des ponts sans leur secours ; on les familiarisait avec les difficultés que présente le passage des rivières et des montagnes ; on s'attachait aussi à l'étude des terrains et des positions avantageuses que l'on y peut prendre : c'est ainsi que « par une gradation conciliée

---

1. Des mémoires devaient être établis sur toutes les parties et mis entre les mains des officiers qui étaient invités à aller dans l'après-dîné voir travailler à l'arsenal : « ce sera une espèce d'amusement pour eux, mais qui leur tournera un jour merveilleusement à profit. »

de théorie et de pratique on préparait les officiers à toutes les dispositions et opérations de l'artillerie ».

Les détachements destinés à l'école de pratique se rassemblaient en armes et marchaient en ordre de guerre ; ils étaient régulièrement composés de deux cents hommes : deux escouades de canonniers-bombardiers, deux escouades de sapeurs-mineurs et deux escouades d'ouvriers, conduites par deux capitaines en pied, deux capitaines en second, quatre lieutenants, huit sous-lieutenants et huit cadets. Lorsque le commandant le jugeait à propos, il pouvait faire marcher le bataillon entier « pour concilier ensemble tous les officiers et tous les soldats sur le service de l'artillerie et sur ses mouvemens ».

Tel est, dans ses lignes principales, ce beau règlement qui, pendant soixante-dix ans, fut le pivot de l'instruction de tous nos corps de troupe de l'artillerie. A côté des officiers qui commandaient les écoles, les maîtres qui y donnaient leur enseignement surent se faire un nom, et il est indiscutable que la science comme l'armée sont tributaires des Bélidor, des Deidier, des Camus, des Bézout, des Robillard, des Dupuis et des Lombard.

Bélidor est le premier professeur d'artillerie dont les ouvrages aient reçu, en quelque sorte, une sanction classique. Quand il commença à enseigner à l'école de La Fère, il savait peu de chose, paraît-il, et étudiait les propositions qu'il montrait le lendemain ; son défaut a été de n'avoir pas assez travaillé ses livres, surtout les premiers, et d'avoir voulu être trop tôt auteur : « Comme personne alors ne sçavoit rien et que luy en sçavoit un peu plus, on le crioit le plus grand mathématicien de l'univers lorsqu'il ne faisoit que commencer, et les commandans le gâtoient un peu [1]. » L'abbé Deidier, son successeur, hérita de sa vogue, et c'est à peine si quelques ouvrages d'Ozanam, de l'Académie des sciences [2], et de Leblond, le maître de mathématiques des pages du roi, étaient admis dans les bibliothèques des écoles d'artillerie [3].

En 1755, on songea à refondre l'enseignement donné dans ces établissements et l'on jeta, dans ce but, les yeux sur Lombard et Brackenhoffer, professeurs à Metz et à Strasbourg [4] ; mais la création de l'école des cadets de La Fère, en 1756, fit prévaloir pendant une dizaine d'années la méthode de Camus [5] qui était leur examinateur. On revint, en 1766, à l'idée d'une commission qui se réunit à Strasbourg sous MM. de Mouy et de Gribeauval, avec Lombard et Brackenhoffer [6]. Ces derniers proposèrent de renoncer au cours de Camus pour adopter celui que Bézout [7] venait de publier pour les gardes de la marine, en y introduisant les modifications nécessitées

1. Mémoires de Le Pelletier, p. 36.
2. Jacques Ozanam, 1640 † 1717.
3. En matière de dessin, la méthode de La Bossière fils et de Laury était en vigueur. Buchotte donna, en 1743, « Les règles du dessin et du lavis », 1 vol. in-8 avec planches.
4. Ils avaient déjà préparé, Lombard un traité de géométrie, et Brackenhoffer un traité du calcul.
5. Charles-Etienne-Louis Camus, 1699 † 1768, de l'Académie des sciences, secrétaire perpétuel de l'Académie d'architecture.
6. Lettre du duc de Choiseul à Lombard, 10 juillet 1766.
7. Étienne Bézout, 1730 † 1783.

par cette nouvelle destination. En fin de compte,
après entente entre du Puget et Lombard, d'une part,
et Bézout, d'autre part [1], ce dernier fut chargé de
transformer lui-même son ouvrage pour l'approprier
à l'enseignement des écoles d'artillerie où il resta en
vigueur jusqu'à la fin de l'ancien régime [2].

Ce fut la création d'un nouveau bataillon de Royal-
Artillerie, par ordonnance du 1er janvier 1757, qui
rendit nécessaire la fondation d'une sixième école de
l'artillerie et du génie : le projet de l'établissement
de cette école à Auxonne, en date du 21 avril 1757,
est dû au marquis de Paulmy et fut appuyé, le 23 mai
suivant, par le prince de Condé. Mais il était question
depuis plusieurs années déjà de l'intention qu'avait le
roi de former ce bataillon et de le mettre en garnison
dans cette ville avec les nouvelles compagnies de
mineurs et d'ouvriers : aussi les premiers devis relatifs à la construction des casernes d'Auxonne, dressés
par M. Joblot, ingénieur des fortifications et directeur de la Franche-Comté, datent-ils du mois de
mars 1753 ; mais l'adjudication des travaux ne fut
prononcée, en faveur du sieur Jean Caristie, que le
2 janvier 1759, sur un devis de 343.000 francs ; différents changements, suppléments et augmentations,

1. Recherches biographiques sur le professeur d'artillerie
Lombard, par Amanton, Dijon, Frantin, 1802, 1 vol. in-8.

2. Un volume du cours de Bézout, édition 1781, un exem-
plaire du tome Ier, qui avait appartenu à M. de Vaugrigneuse,
passa à Valence entre les mains de Bonaparte qui le possédait
encore en 1791 ; il est aujourd'hui la propriété du comte
Biadelli. Masson, Napoléon inconnu, II, 530.

apportés par procès-verbaux des 4 août 1762 et 27 avril 1763, portèrent les dépenses au chiffre total de 435.000 francs, qui ne put être entièrement couvert par la vente, faite par la ville, de la forêt des Crochères et de sa haute futaie.

La première pierre des casernes nouvelles avait été posée, le 29 octobre 1759, au nom de Mgr le prince de Condé, par le comte de Tavannes, lieutenant général pour le roi en Bourgogne ; la haute direction des travaux fut confiée à Jean-Baptiste Montin de Saint-André, ingénieur du roi. Claude-Joseph de la Ramisse était alors maire d'Auxonne depuis le 15 juillet 1758 ; le corps des casernes de soldats fut livré dès le 11 mai 1763, mais la réception des pavillons d'officiers qui le flanquaient n'eut lieu que le 15 décembre 1764. La sixième brigade de Royal-Artillerie, successivement commandée pendant la guerre de Sept Ans par MM. de Cosne, de Mouy et de Loyauté, vint tenir garnison à Auxonne après la paix, le 29 mars 1763, sous les ordres de d'Invilliers ; c'est là que, par ordonnance du 13 août 1765, elle devint le régiment d'Auxonne et passa sous les ordres du colonel de Richeval le 15 octobre suivant.

De 1767 à 1780, on voit se succéder à Auxonne les régiments de Metz, d'octobre 1766 à septembre 1769, aux ordres du colonel Le Duchat d'Ouderne [1] ; de Grenoble, de septembre 1769 à 1775, sous le comte de Rostaing [2] ; de Strasbourg, de septembre 1775 à

---

1. Gédéon Le Duchat d'Ouderne, colonel le 15 octobre 1765.
2. Philippe-Joseph, comte de Rostaing, colonel le 15 octobre 1765, lieutenant général 1791.

avril 1782, sous les colonels de Saint-Mars [1] et de La Roche-Girault [2].

Quant à l'École d'Auxonne, elle fut dirigée en premier lieu par M. de Montesquiou, lieutenant-colonel, sous-directeur au département des Trois-Évêchés, commandant par intérim à dater de 1759, puis par les commandants d'Invilliers, maréchal de camp, de 1763 à 1765 ; de la Pelouse [3], colonel puis brigadier, de 1765 à 1777 ; enfin par le comte de Rostaing, alors brigadier, qui précéda immédiatemement le baron du Teil.

Les maîtres de dessin furent successivement MM. Pierre Bauden, de 1766 à 1782, et Bastien Colombier, en 1783. Comme professeur de mathématiques, on voit paraître, dès le 15 novembre 1759, Jean-Louis Lombard dont la curieuse physionomie mérite une mention toute spéciale. Né à Strasbourg le 23 août 1723, docteur de la Faculté de philosophie de l'Université épiscopale à dix-huit ans, licencié ès lois en 1743, il se fit recevoir avocat au conseil souverain d'Alsace, mais telle n'était pas sa vocation, car, après avoir passé quatre ans à Paris, sans doute pour y étudier les mathématiques, il se rend à Metz en 1747, se fait inscrire comme avocat au Parlement de cette ville, sans suivre le Palais, épouse la fille du professeur de mathématiques de l'école d'artillerie,

1. Colonel le 19 février 1766, maréchal de camp 1780.

2. Jacques-François de La Roche-Girault, colonel le 5 avril 1780, maréchal de camp 1788.

3. Abraham Carrefour de la Pelouse, maréchal de camp 1778.

Robillard, et remplace bientôt son beau-père. Après
dix ans d'enseignement à Metz, il fut envoyé à
Auxonne, lors de la création de cette école d'artillerie ; c'est là qu'il mourut, le 1er avril 1793, après
avoir eu comme collaborateurs Miquel, nommé répétiteur en juillet 1763 et décédé le 5 septembre 1783,
et Jean-Antoine-Marie Lombard fils, successeur de
Miquel, le 29 novembre 1783.

Lombard publia quatre ouvrages ayant trait à l'artillerie ; le premier en date est une traduction des
nouveaux principes d'artillerie de Benjamin Robins [1],
commentés par Léonard Euler [2] ; l'œuvre de Robins
avait paru en 1742 et avait été traduite par Euler en
1745 ; Lombard eut connaissance du commentaire du
savant allemand en 1747 et en fit la version en trois
ans [3], mais il ne la donna au public qu'en 1783, en la
faisant suivre du résumé des expériences, faites à
Woolwich en 1775 [4] pour connaître les vitesses initiales des boulets, et de l'extrait d'une dissertation
d'Euler sur les phénomènes de l'air [5]. Cet ouvrage,

1. Benjamin Robins, 1707 † 1751, ingénieur général de la
Compagnie des Indes orientales.

2. Léonard Euler, 1707 † 1783.

3. M. de Kéralio avait également préparé une traduction de
Robins commenté par Euler : Lombard voulait s'effacer devant
lui, mais ce dernier lui envoya son manuscrit dont le professeur d'Auxonne tira, de son aveu, le meilleur parti.

4. Pour Charles Hutton, 1737 † 1823, professeur à l'Académie militaire de Woolwich 1772, de la Société royale de
Londres 1776 ; ces expériences furent reprises en 1783, 84 et
85, et Villantroys a donné la traduction de leur compte-rendu.

5. Mémoires de l'Académie de Saint-Pétersbourg, 1727,
tome II.

particulièrement destiné aux officiers du corps royal, vint prendre place dans toutes les bibliothèques militaire auprès du cours de Bézout.

En 1787, Lombard donna ses tables du tir des canons et des obusiers, avec une instruction sur la manière de s'en servir [1] : celles que Bélidor avait publiées dans le Bombardier français étaient universellement reconnues défectueuses déjà depuis nombre d'années, en sorte que l'œuvre de Lombard fut accueillie avec empressement et fit longtemps autorité ; les écrivains militaires Gassendi et Villantroys [2] en faisaient encore le plus grand éloge au commencement de ce siècle. Ces tables étaient suivies de deux opuscules relatifs au tir des bombes avec le canon et à la portée des mortiers.

Le dernier ouvrage [3] de Lombard ne parut qu'après sa mort et fut édité par son fils en l'an V : c'est un traité du mouvement des projectiles appliqué au tir des bouches à feu ; l'on y rencontre de précieuses tables sur les vitesses initiales résultant des différentes charges pour les pièces de siége et de campagne et pour les bombes de 12, 10 et 8 pouces [4] ;

---

1. Gassendi, dans son aide mémoire (1re édition, Metz, Devilly, 1789, 1 vol. petit in-8), donne en quelques pages (443-450) le résumé pour les cas ordinaires de ces tables de tir auxquelles il renvoie pour les cas compliqués.

2. Directeur général des forges de l'artillerie.

3. Quelque temps avant sa mort Lombard avait publié une plaquette intitulée « Instruction sur la manœuvre et le tir du canon de bataille », destinée aux canonniers volontaires et extraite du traité de Demeuve ; la préface est datée du 15 septembre 1792 ; Joly, à Dôle, 1792, 1 vol. in-8.

4. P. 146 et 147.

deux chapitres spéciaux concernent le tir du fusil d'infanterie modèle 1777 et du fusil d'artillerie 1784 [1].

Si l'on ajoute aux connaissances si extraordinairement étendues de Lombard l'expérience qu'il avait acquise pendant ses longues années d'enseignement, et la patience qu'il manifestait pour se mettre à la portée des jeunes gens dont l'instruction lui incombait, si l'on songe à l'entente parfaite qui dut régner immédiatement entre le baron du Teil, devenu commandant d'école, et son ancien maître, on aura une idée exacte du soin avec lequel l'étude des mathématiques était poussée à Auxonne. Si ce n'était pas, comme l'a dit Bonaparte, la seule école d'artillerie où les officiers fussent à même de s'instruire, c'était certainement l'un des meilleurs, sinon le premier établissement de ce genre.

1. P. 186 à 201.

II

LE COMMANDEMENT DE LA VILLE D'AUXONNE

(1779-1789)

Quand le colonel du Teil vint prendre le commandement de l'École d'Auxonne, en juin 1779, les rapports étaient déjà très-tendus entre l'école d'artillerie et la municipalité de la ville : plusieurs causes avaient amené une crise qui se prolongea jusqu'en 1783, sous l'administration du maire, M. Claude Mol, avocat en la cour.

Le premier motif de cette lutte intestine consistait en la préséance que le vicomte-maïeur disputait au commandant de l'école, en l'absence presque continuelle du gouverneur de la ville. La lettre suivante, tirée de la correspondance du secrétaire du prince de Condé, indiquera en deux mots l'état de la question :

« A M. Descharolles [1], à Paris, le 11 octobre 1778.

« Je vous envoie, Monsieur, la copie d'une lettre

1. A M. Descharolles, en l'absence de M. de Montigny, trésorier général des États de Bourgogne ; Archives nationales, K. 387.590, fol. 87.

que M. le prince de Monbarey [1] a écrite à Mgr le prince de Condé, sur la demande du commandement de la ville d'Auxonne que font M[rs] les Officiers du corps Royal-Artillerie qui y sont établis. S. A. S. n'a pas voulu répondre au ministre sans faire part de cette demande à M. le comte de Bissy [2], gouverneur d'Auxonne, et je joins ici une copie de sa réponse. Avant de répondre au ministre sur cette affaire, S. A. S. a voulu vous en donner connaissance pour savoir votre sentiment [3]. Elle est persuadée que si ce commandement est donné à M[rs] les Officiers d'artillerie, il y aura des réclamations et des représentations, de la part des officiers municipaux ; c'est pourquoi je crois nécessaire que vous en écriviez au maire, pour savoir ce qu'il y a à objecter à la demande en question. Je suis persuadé que vous voudrez bien ne pas perdre de temps à donner à S. A. S. les éclaircissemens qu'elle désire pour être en état de décider sur la réponse qu'elle fera à M. le prince de Monbarey [4]..... »

1. Alexandre-Marie-Léonor de Saint-Mauris, prince de Montbarey, 1732 † 1796, lieutenant général 1780, ministre de la guerre 1777-1780.

2. Claude de Thiard, comte de Bissy, né en 1721, lieutenant général 1762, gouverneur d'Auxonne dès le 25 août 1753.

3. Il avait sous lui le comte de la Touraille, commandant du château, et M. de La Martinière, major.

4. La seconde lettre qui suit (*ibid.* fol. 91) prouve que l'affaire avait paru épineuse à M. Descharolles, auquel l'on répondait :

« A Paris, 18 octobre 1778.

« Je n'ai reçu, Monsieur, qu'aujourd'hui, à dix heures du matin, la lettre que je devais recevoir hier, au sujet du commandement de la ville d'Auxonne. Je ne prendrai pas sur moi,

L'affaire du commandement pour le roi à Auxonne
resta en suspens; aussi, à peine arrivé dans la ville,
du Teil se trouva-t-il aux prises avec le corps municipal sur la question de savoir à qui devait revenir, le
25 août 1779, l'honneur de tirer le premier coup à
l'assemblée annuelle du « noble et hardi jeu de l'arquebuse », dont les statuts remontaient au 15 juillet
1620 ; le nouveau commandant n'ayant pas encore
fait registrer sa commission au bailliage d'Auxonne,
les officiers municipaux prétendaient ne pouvoir le
reconnaître. En réalité, ils voulaient prendre le pas
sur lui, disant que seuls les gouverneurs de place ou
commandants revêtus de provisions du roi avaient le
droit, dans une cérémonie publique, de précéder le
corps municipal, et ne consentaient pas à assimiler à
ces officiers le commandant d'une école royale d'artillerie.

Le conflit s'éleva en réalité entre la municipalité
et la Compagnie de l'Arquebuse qui, présidée par
Joseph Lagrange, négociant, son capitaine, prit fait
et cause pour l'élément militaire et refusa de pro-
mettre la première place au député du magistrat.

Monsieur, de vous engager d'écrire à M. Mol, quoique je croye
être bien certain que Monseigneur le Prince de Condé m'a
dit, quand il m'a chargé de vous donner connoissance de cette
affaire, qu'il fallait la communiquer au maire, et c'est pourquoi
je vous disais, dans ma lettre du 11, que je croyois nécessaire
que vous lui écrivissiez. S. A. S. est à Versailles, à demeure,
j'y ai été avant-hier, mais je ne puis y faire que des courses,
parce que j'ai bien plus d'affaires icy. Je vais écrire à S. A. S.
pour lui demander ses ordres, et je pourrai vous les faire passer par la poste de lundi prochain..... »

Aussi, le 24, la chambre municipale fit-elle savoir qu'elle ne serait pas représentée à l'exercice. On dut en conséquence en ajourner la tenue, car la présence d'un délégué du maire était indispensable pour constater le nom du chevalier qui, en abattant l'oiseau, devait jouir l'année suivante des privilèges spéciaux réservés au nouveau roi. La Compagnie de l'Arquebuse présenta ses excuses à du Teil, qui avait été déjà invité, et lui fit savoir que l'exercice était suspendu jusqu'à décision de S. A. S. le prince de Condé auquel une pétition fut adressée, dès le 25 août. Le 5 septembre, Louis-Joseph de Bourbon écrivait aux chevaliers de l'Arquebuse pour approuver leur conduite et blâmer celle du corps municipal; il les priait de vouloir bien choisir un nouveau jour pour le tir de l'oiseau de privilège, en se conformant aux usages, et les chargeait de l'informer de la bonne exécution des ordres qu'il donna simultanément aux officiers municipaux; cette lettre fut expédiée le lendemain de Paris à la Compagnie par Roullin, secrétaire : « Lorsque le jour aura été fixé, vous ferez, disait-il, votre députation ordinaire à M. le baron du Teil, qui doit tirer le premier coup d'honneur..... »

Mais, lorsque les chevaliers se présentèrent à l'hôtel du commandant, du Teil était à Besançon où il avait à régler des affaires urgentes; dès qu'il fut informé de l'invitation, il partit sur le champ pour Auxonne, où il fut le 14 septembre, afin de « remercier luy-même les chevaliers de leurs honnêtetés et conférer avec eux sur l'expédition de l'oiseau. » Le commissaire des guerres Legrand, en personne, annonça l'arrivée prochaine du colonel à la Compagnie, ajoutant : « Je vous félicite de tout mon cœur du gain de la bataille avec les officiers municipaux. Elle me fait assurément le plus grand plaisir à plusieurs égards, ne fût-ce que par le relief militaire que donne à votre compagnie un commandant au corps royal et que vous ne trouveriez pas dans le maire[1]..... »

Un procès pendant entre la chambre municipale et Jean-Baptiste Germain, adjudicataire de l'entretien des lits et ameublements des casernes en 1779, d'une part, et Jean Moreau, ancien adjudicataire, d'autre part, venait encore aggraver cette situation, la municipalité ne consentant jamais à donner aucune satisfaction aux demandes présentées par l'autorité militaire au sujet des fournitures de couchage. Dès le mois d'août 1779, quatre cents couvertures manquaient pour la troupe ; un an plus tard, du Teil[2] se trouvait dans la nécessité d'exposer au prince de Montbarey que « les couvertures fournies aux soldats de ce corps étoient tellement usées qu'ils avoient éprouvé, pendant l'hiver dernier, toute la rigueur du froid, que les draps, les matelats, les bois de lits et autres ustensiles étoient dans le plus mauvais état, n'ayant pu parvenir à faire remonter ce service, vu la désunion qui règne entre les officiers municipaux... »

A l'occasion d'une visite du commissaire ordonnateur des guerres, en novembre 1782, M. Le Grand,

1. Archives d'Auxonne.
2. Lettre du prince de Montbarey à l'intendant Feydeau de Brou, 29 août 1780. Archives d'Auxonne.

après avoir inséré dans son procès-verbal que la laine
des matelas des officiers était mal cardée, crut devoir
substituer à ces derniers mots ceux de « non cardée »
et énoncer ailleurs que la majeure partie des draps
était « rapetassée », d'où, de la part des députés du
corps municipal, refus de signer la pièce et protestation parce que, sans titre, on avait fait éventrer
quatre matelas [1]. Aussi quelques jours plus tard, le
30 novembre, le magistrat d'Auxonne ne voulut-il
pas accorder à M. Molard d'Aley trois chambres que
cet officier demandait, au rez-de-chaussée du corps
des casernes, l'une pour l'exercice du canon et deux
autres pour l'exercice d'infanterie « tant aux officiers
nouvellement arrivés qu'aux soldats et recrues [2] ».

En juillet 1783, la crise atteignait son maximum
d'intensité ; la municipalité envoyait mémoire sur
mémoire au prince de Condé, au ministre, au comte
de la Tour du Pin, aux élus de Bourgogne, à l'intendant et au comte de Bissy ; elle allait même jusqu'à
députer « M. Mol, maire, pour porter les justes
plaintes du corps et de la commune aux pieds du
ministre pour qu'il daigne supplier très-humblement
et très-respectueusement S. M. de donner ses ordres
pour conserver le corps municipal dans ses droits de
police et ordonner à M. du Teil, ainsi qu'à tous ceux
qui commanderont par la suite l'école de l'artillerie,
de se conformer strictement à ses ordonnances militaires, sans troubler les citoyens dans la jouissance

1. Registre aux délibérations municipales d'Auxonne, 1781-
85, fol. 87 et 79.
2. *Ibid.*, p. 80.

de leurs lois civiles à l'abri desquelles ils existent[1] ». Mais, en attendant le résultat de cette requête, le maïeur créait au baron du Teil toutes les difficultés imaginables au sujet du logement du second bataillon du régiment d'Auxonne, qui devait arriver d'Amérique le 2 septembre.

Le prince de Condé, informé des ennuis suscités constamment au commandant de l'École, comprit qu'il ne pourrait les faire cesser qu'en régularisant la situation de du Teil, puisque les ménagements dont il avait usé jusque-là envers les officiers municipaux n'avaient fait qu'accroître leur mauvaise volonté. Le 12 décembre 1783, le chef de brigade de Madaillan se présenta devant le conseil de l'hôtel de ville d'Auxonne, porteur du brevet suivant auquel étaient jointes des lettres d'assentement de S. A. S. le prince de Condé, en date du 22 novembre, et mit le maire en demeure de faire enregistrer ces pièces sur le champ[2] :

« De par le Roy.

« Sa Majesté jugeant nécessaire au bien de son service d'établir un officier sage, intelligent et expérimenté pour commander Auxonne, elle a commis, ordonné et établi le sieur Baron du Teil, Brigadier de son infanterie, commandant de l'École d'artillerie de cette ville, pour, sous l'autorité du gouverneur, lieutenant général ou commandant pour elle au duché de

1. Registre 1783-85, fol. 1.
2. IIIe Reg., 1783-85, fol. 18.

Bourgogne, commander tant aux habitans qu'aux gens de guerre qui y sont et seront et après en garnison ou quartier, et leur ordonner seulement ce qu'ils auront à faire pour le service de Sa Majesté, la deffense et la conservation de cette ville. Mande et ordonne Sa Majesté auxdits habitans et gens de guerre de reconnaître ledit sieur Baron du Teil en ladite qualité de commandant et de lui obéir et entendre en tout ce qu'il leur ordonnera pour le service de Sa Majesté, à peine de désobéissance. Fait à Fontainebleau le vingt quatre octobre mil sept cens quatre vingt trois. *Signé* : Louis, *et plus bas* : le maréchal de Ségur[1]. »

1. On comprendra l'importance du titre de baron accordé par le roi à du Teil dans ce brevet en jetant les yeux sur ces lettres, relatives à l'obtention du titre de comte par son cousin germain, le colonel de Buffévent, et adressées toutes deux au généalogiste Chérin, la première par le frère aîné de l'impétrant, la seconde par un commis des Bureaux de la guerre :

« Paris, ce 20 mai 1777.

« On va vous écrire des Bureaux de la guerre, Monsieur, pour vous demander si mon frère, lieutenant-colonel au régiment de Lorraine, est fait pour obtenir du Roy le titre de Comte ; je vous prie instamment de ne pas tarder à donner votre avis sur cet objet parce qu'on va très-incessamment luy expédier un brevet et qu'on attend votre réponse.....

« Je sçai qu'en ne vous demandant que des choses justes et vrayes on est sûr de les obtenir de vous. Vous connoissez tout le cas que je fais de vos lumières et de votre intégrité. Soyez également persuadé du très-parfait attachement avec lequel j'ay l'honneur d'être, Monsieur, votre très-humble et très-obéissant serviteur,

« Le marquis de Buffévent. »

« A Versailles, ce 20 may 1777.

« M. de Buffévent, Monsieur, nommé lieutenant-colonel du

Le commandant de l'École sortait définitivement vainqueur de la lutte et était promu quelques jours plus tard, le 1er janvier 1784, maréchal de camp ; le maire voulut se retirer du moins avec les honneurs de la guerre et donna sa démission.

Pendant tout le temps de son administration, sous le commandement du baron du Teil, M. Mol semble ne s'être départi de son animosité envers le chef militaire de la ville dont il était le premier magistrat, qu'en une seule circonstance, la visite de Mgr Raymond de Durfort [1], archevêque de Besançon. En raison de l'arrivée de ce prélat, fixée au 31 août 1781, le corps municipal s'assembla dès le 27 pour délibérer sur le cérémonial à observer en cette occasion et prit les décisions suivantes qui accusent une trève entre le maïeur et les échevins d'une part, le commandant et les chevaliers de l'Arquebuse d'autre part :

« 1º Attendu que le révérendissime archevêque arrivera en cette ville par la porte royale, Monsieur Dumay demeure prié de faire placer une tente entre les deux ponts affin que Monseigneur puisse y descendre et s'y habiller pontificalement.

régiment d'infanterie de Lorraine, demande d'être traité de comte dans la commission qui doit lui être expédiée ; il dit que vous avez connoissance de ses titres ; je vous prie de vouloir bien me marquer si cette qualiffication lui est düe afin qu'en ce cas je propose au ministre de la lui donner.

« J'ai l'honneur d'être avec un très-parfait attachement, Monsieur, votre très-humble et très-obéissant serviteur.

« De Saint-Paul. »

1. Raymond de Durfort, né en 1725, archevêque de Besançon 1774.

« 2º Le dit jour 31 août MM. Dumay, 1er échevin, et Brunet, fabricien, iront à sa rencontre en voiture jusqu'au village de Flamerans, où, lors de la rencontre, M. Dumay complimentera au nom du corps municipal Monseigneur et lui témoignera la satisfaction que la ville d'Auxonne aura de recevoir Sa Grandeur.

« 3º Le corps de la ville se trouvera à la porte royale avec le clergé et MM. L'Houet, Raffin, Gairoird et Royer porteront le poêle sous lequel devra marcher Sa Grandeur jusqu'à l'église.

« 4º Il sera fait, à son de trompette, le jour de demain, commandement à tous les bourgeois et habitans de cette ville de se trouver à la porte royale pour suivre processionellement Monseigneur l'archevêque jusqu'à l'église paroissiale.

« 5º Il sera enjoint à tous propriétaires et locataires des maisons de la rue des Capucins et sur la place de balayer et nettoyer devant chez eux et de tenir leurs boutiques fermées, depuis les quatre heures après midi jusqu'après le passage dudit seigneur archevêque.

« 6º Monsieur le Maire demeure prié d'inviter Monsieur du Teil, commandant pour le roy en cette ville, d'ordonner un détachement de cinquante hommes pour accompagner le seigneur archevêque lors de son entrée jusqu'à l'église et le conduire jusqu'à son logement.

« 7º MM. les chevaliers du jeu de l'arquebuse seront invités de la part de la chambre d'envoyer un détachement à cheval au-devant de Sa Grandeur

jusqu'à Flamerans, auquel effet ils seront précédés
par le trompette de la ville qui sonnera la marche, si
ils le désirent.....

« 9° Le corps municipal accompagnera ledit seigneur archevêque lorsqu'il sortira de l'église jusque
chez Monsieur le Curé, là il sera complimenté par
Monsieur le maire, après quoy le procureur syndic lui
présentera les vins d'honneur en la manière accou-
tumée..... »

M. Mol fut remplacé, le 14 février, par Augustin
de la Ramisse, conseiller maître en la Chambre des
comptes, nommé par les élus généraux des États de
Bourgogne[1]. Aussitôt les relations les plus courtoises
et les plus cordiales s'établirent entre l'École et l'hôtel de ville et se manifestèrent immédiatement en
deux occasions, le baptême de la cloche[2] de la paroisse
et le mariage du fils aîné du baron du Teil. Le com-

---

1. Reg. 1783-85, fol. 48.
2. Voici le relevé des dépenses faites par la ville en cette
occasion :

Au sr Comte, épicier, pour fournitures	231[1]	10
Chemise de la cloche	61	10
Un portefeuille à M. du Teil	64	»
Aux domestiques de M. du Teil	18	»
Au fondeur	36	»
Au marguillier	6	»
Aux bedauts	6	»
A l'organiste	6	»
Aux valets de ville	12	»
Aux sonneurs	6	»
A la guette ou veilleuse	3	»
Aux pauvres de la paroisse	24	»
Pour rubans fil et façon de la chemise	25	7
	502	7

mandant en chef pour le roi à Auxonne, prié d'être parrain de la grosse cloche, fit choix, pour marraine, de Mme de La Ramisse, née Courtot de Montbreuil ; elle n'accepta que sous la condition que ce serait au nom de la ville qu'elle se ferait un véritable plaisir de représenter : la cérémonie eut lieu le 21 août. A quelque temps de là, le 30 décembre, le maire représenta à la chambre commune que M. du Teil, qui avait donné dans toutes les occasions des marques de bonté aux citoyens, étant sur le point de marier son fils, « il convenait que, dans cette circonstance, la ville présentât un bouquet à Mademoiselle de Berbis, pour engager cet officier supérieur à continuer ses mêmes bontés et lui témoigner la part qu'elle prenait à cet événement [1]. »

En effet, le 12 janvier 1785 fut signé à Auxonne, en l'hôtel de Berbis, le contrat du mariage [2] de Claude-Jean-Joseph-Pierre du Teil, lieutenant au

---

1. En communiquant la note de fournitures à l'intendant, le 4 janvier 1785, M. de La Ramisse ajoutait : « Monsieur Duteille a été plus généreux et a traité la chose avec plus de magnifisance, je crois aussi que la ville luy doit une petite reconnoissance que je traiteré, si vous le jugez à propos, avec la plus grande economie. La délibération cy jointe vous instruira du projet de MM. les officiers municipaux. Comme la chose est un peu pressée, je vous suplie, Monseigneur, de me faire savoir vos intentions..... Permettez-moi, Monseigneur, de vous faire observer que depuis que je suis en place ce commandent n'a sessé de donner à la ville des marques de la plus grande honnêteté et de complesance. »

L'altération des revenus communs d'Auxonne était si grande alors qu'on ne put subvenir à cette dépense. Archives de la Côte-d'Or, C. 710.

2. Serdet, notaire.

corps royal d'artillerie, avec Louise-Angèle de Berbis,
fille de Louis de Berbis, ancien capitaine au régiment
d'Aquitaine[1], et de Marguerite-Françoise de la Loge.
Le marquis de Buffévent, le chevalier du Teil, lieutenant-colonel au corps royal, messire Joseph Perraud,
Mme Perraud d'Huet, oncle à la mode de Bretagne,
oncle paternel, oncle et tante maternels du futur ;
Jules-Henri de Berbis, comte de Corcelles[2], ancien
capitaine au régiment de Navarre, et Nicolas-Philippe
de Berbis, marquis de Longecourt[3], ancien capitaine
au régiment de Grammont, cavalerie, tous deux chevaliers de Saint-Louis et cousins de la future, donnèrent leur agrément à ces conventions matrimo-
niales. Les autres signataires étaient : Michel et
Augustin du Teil, lieutenants aux régiments de
Saintonge et de Lorraine, frères du fiancé, et Fran-
çois-Xavier David de la Martinière, major et commandant du château d'Auxonne, son ami ; Pierre de
Berbis des Maillys, ancien capitaine au régiment

1. Père de Claude, né en 1759, lieutenant dans Navarre
1783.

2. Jacques-Élisabeth, son frère, né en 1732, fut chevau-léger
1748, sous-lieutenant aux gardes 1761 et chevalier de Saint-
Louis ; Jacques, son aïeul, né en 1664, avait été cadet gentilhomme 1668, lieutenant 1689, puis capitaine 1692 dans
Dauphin, infanterie.

3. Bénigne-Marie-Philippe, son fils, né en 1767, fut reçu à
l'École militaire 1783 ; Pierre de Berbis de Dracy, son grand-
oncle, ancien capitaine au régiment Colonel-Général, fut
nommé Grand Bailli d'épée de l'Autunois. Ce Pierre de Berbis,
qui épousa en 1683 Charlotte Cléron de Moisy, eut une fille,
Barbe-Maurice, alliée à Michel-Dorothé, marquis de Grammont, † 1740, lieutenant général des armées du roi 1702.

de Quercy [1], et Claude de La Loge de La Fontenelle, conseiller au Parlement de Bourgogne, oncles de la fiancée, François-Bénigne Cœurderoy de Moussy et Joseph de La Bayette, chef de brigade au corps royal, ses cousins.

Les Berbis, issus d'un maître des requêtes de l'hôtel du duc de Bourgogne, anobli par Philippe le Bon en 1435, se sont surtout illustrés au Parlement de Dijon auquel ils ont fourni six conseillers ; ils servirent aussi dans les armées : Charles Berbis, capitaine de cent hommes d'armes, fut tué devant Nancy en 1477. La branche des seigneurs des Maillys a donné Jean-Baptiste de Berbis de la Serve, ancien capitaine au régiment d'Huxelles, major d'Auxonne, reçu à la chambre de noblesse de Bourgogne en 1682 ; Nicolas et Edme de Berbis, ses neveux, furent capitaines aux régiments de Picardie et de Normandie ; Guillaume, leur plus jeune frère, lieutenant-colonel d'infanterie et gouverneur de Fort-Louis, reçut la croix de Saint-Louis en 1715. Il convient de citer encore, dans une autre branche, Claude de Berbis, marquis de Rancy, capitaine au régiment de Maugiron, mort des blessures qu'il avait reçues à Crevelt : c'était l'arrière-petit-fils de Pierre de Berbis d'Esbarres, gentilhomme ordinaire du duc d'Orléans en 1636.

Claude du Teil, lieutenant en second au régiment

---

1. De Geneviève-Antoinette Le Verrier, il laissa Théodore-Charles, né en 1761, lieutenant dans Navarre 1783, et Jules-Henri, 1773 † 1852, ancien cadet au corps royal d'artillerie, vice-président de la Chambre des députés et commandeur de la Légion d'honneur 1829.

de La Fère le 3 juin 1779, avait été promu en premier dans la compagnie d'ouvriers de La Cor, en garnison à Nantes, le 19 avril 1782 ; il comptait alors à la compagnie du Buisson, à Strasbourg [1].

Malheureusement la seconde administration de M. de La Ramisse ne fut pas de longue durée : le 26 décembre 1785, M. Pierre Petit, avocat en la cour nommé maire d'Auxonne par les élus de Bourgogne le 17, était installé en cette qualité. M. du Teil n'eut d'ailleurs de difficultés avec ce nouveau magistrat qu'au sujet de l'admission des soldats de la garnison dans l'hôpital de la ville et il en sut sortir à son avantage, sans s'aliéner l'esprit des officiers municipaux.

Le 14 juillet 1788, Louis XVI, dans un but économique, décida « qu'à l'avenir on n'admettrait dans les hôpitaux que les soldats atteints de maladies graves et que les autres seraient traités dans leurs quartiers [2]. » Cette mesure porta un rude coup à l'hôpital d'Auxonne, car, sans que ses dépenses générales changeassent, ses recettes étaient diminuées des cinq sixièmes ; aussi ses directeurs, pour sauvegarder le droit des pauvres, déclarèrent-ils à l'autorité militaire que ses malades ne seraient plus admis.

---

1. En 1787 il passera à Metz et viendra à Auxonne l'année suivante avec la compagnie de Puyveran ; la commission de capitaine lui sera donnée le 21 janvier 1787.

2. De plus la subvention à allouer aux hôpitaux par les autorités militaires, par soldat et par jour, était abaissée de 17 à 14 sols.

Quand il apprit la résolution des membres du bureau de l'hôpital, le baron du Teil pria la direction de recevoir les soldats gravement malades : elle fit la sourde oreille ; mais le commandant de l'école d'artillerie ne se tint pas pour battu et députa au maire, M. Petit, un capitaine commandant, M. de La Goshyère, pour l'inviter à réunir les administrateurs et à lui rendre réponse : la commission s'assembla en effet le 23 septembre et l'on y lut un mémoire de M. l'abbé Robert[1] tendant à l'exclusion des malades de la garnison qui avaient fini par occuper la presque totalité des salles de l'hôpital, au détriment des habitants de la ville en traitement : cette décision fut adoptée et le baron du Teil en fut informé[2].

Mais le ministre de la guerre, que le commandant tenait au courant, ordonna à l'intendant de Bourgogne de revenir à la charge et la commission se réunit de nouveau. Vainement M. du Teil annonça-t-il que le ministre renonçait aux salles inférieures et promit-il de porter la journée à dix-sept sols, les malades du régiment de La Fère furent écartés pour la seconde fois. Le ministre cette fois porta plainte au roi et le

1. L'abbé Robert, né à Auxonne en 1741, décédé le 6 mars 1820.

2. Les lettres de confirmation octroyées par Louis XIV, en janvier 1702, et relatives à l'hôpital d'Auxonne donnaient cependant raison à l'autorité militaire : l'hôpital avait été fondé « tant pour le soulagement des pauvres malades de ladite ville et des soldats qui y sont en garnison ou qui y passent... » De plus Louis XVI avait payé, en 1784, les frais nécessités par l'aménagement dans les greniers des salles supérieures : les prétentions de l'autorité militaire étaient donc parfaitement fondées. Bizouard, pp. 79 et 151.

baron du Teil finit par passer un contrat, avec M. Petit
et ses collègues [1], à la condition que les salles du bas
demeureraient fermées à toute réquisition des chirur-
giens militaires [2].

Ainsi qu'on le verra, les fonctions de commandant
pour le roi à Auxonne devinrent plus délicates encore
lors des premiers troubles qui précédèrent, dans cette
ville, la révolution.

1. MM. Serdet, Larue, Radepont et Opinel.
2. Histoire de l'hôpital d'Auxonne, 1374-1884 ; Abbé
Bizouard, Lyon, Grigne, 1884, 1 vol. in-8 ; pp. 158 et ss. Ajoutons
que le commandant d'Auxonne avait le plus grand soin des
soldats qui lui étaient confiés : ainsi il interdisait aux sergents
l'accès des cabarets de la ville et les faisait jouir dans les
casernes des privilèges de franchise des droits d'entrée et de
consommation de vin, à raison de dix pièces par mois et par
compagnie. En 1787 le sieur Nubla, adjudicataire des octrois
de la ville, demanda pour ce chef une exonération de 1792 livres.

Jean-Pierre, Baron du Teil

(1722-1794)

III

RÉGIMENTS EN GARNISON A AUXONNE
RÉCEPTIONS PRINCIÈRES

Du Teil avait été nommé commandant de l'École
d'Auxonne le 3 juin 1779. A cette époque, l'inspecteur d'artillerie du département était le comte
Desmazis [1] ; les capitaines en second Desmazis de
Fontenailles et Bonnay [2] étaient attachés au service
de l'École. La direction d'artillerie de la ville était
placée sous les ordres de Pillon d'Arquebouville, qui
avait comme adjoint le capitaine en second Charles
de Sermage [3]. La compagnie d'ouvriers de Croyé de

1. Alexandre-Nicolas Desmazis de Brière, maréchal de camp
1770.
2. Ce dernier fut sous-directeur intérimaire en l'absence de
Desmazis, détaché à Malte.
3. Furent successivement employés dans ce poste MM.
Joseph-François-Jean d'Orival de Menotay, Augustin-François
Prouvensal de Saint-Hilaire, François-Charles-Nicolas de La
Chaussée, Louis-Marc-Antoine Masson d'Altecan, Jean-Baptiste-
Antoine-Louis de Florinier, Jean-Antoine, chevalier de Fisson,
Alexandre-César Gennevey de Puisignan, Jean-François-Joseph

Reville [1], avec le chevalier Dufort comme capitaine en second, et la compagnie d'ouvriers d'état, avec Jean-Baptiste Bauffre pour chef, travaillaient à l'arsenal.

L'État-major du régiment de Strasbourg, en garnison à Auxonne, se composait de :

MM. le chevalier de Saint-Mars, colonel ;
     Faure de Gière, lieutenant-colonel ;
     de Saint-Perrier, major ;
     de Pupil, chef de brigade ;
     Goirand, »
     Bonnafoux, »
     Gromard, »
     Capriol, »
     Fleurival, aide-major ;
     Léglise, quartier-maître trésorier ;
     L'abbé Duborgia, aumônier ;
     Le Blanc, chirurgien-major.

Le nommé François, tambour-major.
Place d'armurier vacante.

En septembre 1779, le commandant d'école demanda un semestre qu'il alla passer en Dauphiné : sa femme venait de mettre au monde son dernier enfant, une fille, Alexandrine du Teil, plus tard Mme de Patris, et

Guiot de Vercia, Pierre-Gabriel Chervin de Rivière, Jean-François-Emmanuel, chevalier de Thiculin, Louis-Léger Hospin de Buchet, etc. Archives de la Côte-d'Or, C. 145 et 146.

1. Elle remplaçait la compagnie La Tour de Lisle (de Neyremand, en second), partie pour Douai le 5 juillet.

elle était fort souffrante ; il eut la douleur de la quitter le 1er mars 1780 pour aller reprendre son poste : elle mourut le 20 avril [1]. A la suite de ce deuil, du Teil dut obtenir un nouveau congé, car il faisait ses dispositions testamentaires, le 1er juin, devant Faure, notaire à la Côte-Saint-André, et choisissait pour exécuteurs de ses volontés le marquis de Buffévent, son cousin germain, et M. Perraud, ancien maire de la ville, son beau-frère.

Le 1er mars 1780, il était promu brigadier des armées du roi [2] et, quelques jours plus tard, d'importants changements se produisaient dans l'État-major du régiment de Strasbourg. Le 5 avril, le chevalier de Saint-Mars était nommé inspecteur et était remplacé par M. de La Roche-Girault [3], M. Goirand passait lieutenant-colonel, et MM. Despinais et de Saint-Wulfrand devenaient chefs de brigade [4]. L'an-

1. « Dans la communion des fidèles, » dit son extrait mortuaire ; le service funèbre eut lieu le lendemain, le curé de la Côte-Saint-André officiant, et l'inhumation fut faite à Pommier, en la chapelle des seigneurs, en présence de MM. le curés de Pommier, Pisieu, Saint-Julien-de-l'Herms et Bossieu.

2. N'ayant pas été compris dans la promotion du 1er janvier, il avait adressé à M. d'Angenoust une réclamation appuyée par Desmazis : « On regarde donc, y disait-il avec beaucoup de justesse, la place des commandants d'école comme bien subalterne puisque tous les colonels passent avant eux ; on veut cependant qu'ils les commandent, quel ressort, quelle influence veut-on qu'ils aient sur ceux qui sont à leurs ordres... » Ce mémoire eut tout le succès possible. Archives administratives, Guerre.

3. Jacques-François de La Roche-Girault, maréchal de camp 1788.

4. M. de Garren était directeur du parc en 1780.

née suivante [1], M. de Rochemur était attaché, comme capitaine en second, à l'État-major de l'école où se trouvaient comme élèves, à quarante livres d'appointements par mois, MM. Gérard de Saint-Gérand, Montanier de Genisias, Morel, Labbé de la Genardière, de Fardel, de Suremain et de Vente. Le chevalier de Gomer inspecta l'artillerie d'Auxonne en 1781 et 1782.

Le 1er avril 1782, le régiment de Strasbourg quitta Auxonne pour le Havre et fut remplacé, le 20 mai, par le régiment d'Auxonne dont voici l'État-major :

MM.

Amour-Constant, chevalier de Cirfontaine, colonel ;
Jean-Pierre Goulet de la Tour, lieutenant-colonel ;
Jean-Baptiste Denison, major ;
Charles-Adrien de Buzelet [2],   chef de brigade ;
Claude-Étienne Molard d'Aley,   »
Marc-Gaspard, chevalier de Capriol,   »
Théodore de Madaillan,   »
Joseph de Lagrée [3],   »
Pierre Laprun, aide-major ;
Jean-Baptiste Gentillon, quartier-maître trésorier ;
Claude-Martin Herbinot, aumônier ;
Charles Vergès, chirurgien-major ;
Le nommé : Roman, tambour-major.
Place d'armurier vacante.

---

1. Du Teil obtint en 1781 un congé de trois mois à dater du 16 janvier.
2. Beau-frère du chevalier du Teil, voir page 171.
3. Plus tard directeur à Grenoble.

A cette date, la compagnie d'ouvriers de Guériot complétait la garnison de la ville ; elle était commandée par Jean-Baptiste-Louis de Guériot, en premier, et François-Jean-Baptiste de Montille, en second. Le capitaine de Rochemure, sous-directeur du parc en 1781, passa au régiment d'Auxonne et eut pour successeur M. Monnin de Montfort, le 19 avril ; en novembre, on trouve à la suite de l'école, MM. Claude-Hubert Roussel d'Hurbal et François de Tisseuil, lieutenants en second surnuméraires, avec 480 livres d'appointements par an ; les élèves étaient MM. Dardenne, Dutheil de Puisbert et de Mabile. A la fin de cette année, l'inspection générale du département dans lequel l'école d'Auxonne était comprise passa, pour deux ans, entre les mains du chevalier de Saint-Mars, précédemment colonel du régiment de Strasbourg.

Le 13 juin 1782, le baron du Teil recevait une gratification de huit cents livres : il semble vraisemblable que cette grâce lui fut accordée en raison du voyage du comte du Nord [1] qui arriva à Dijon par la porte d'Ouche. le 15 mai, accompagné de sa femme, de la princesse de Wurtemberg, sa belle-mère, et de l'une de ses belles-sœurs : il avait dû passer par Auxonne et y avait été sans doute traité par le commandant de l'École.

---

1. Paul Petrovitch, grand-duc de Russie, depuis empereur, 1754 † 1801, marié en secondes noces, en 1716, à Marie-Fedorowna de Wurtemberg, fille du prince Frédéric-Eugène et de Frédérique-Dorothée-Sophie de Brandebourg-Schwedt. Le prince et la princesse de Wurtemberg résidaient à Montbéliard.

On a vu qu'en raison de l'absence continuelle du gouverneur d'Auxonne, du Teil se trouvait être commandant pour le roi dans cette place. Le 10 février 1783, à cause de la double fonction qu'il remplissait ainsi d'une manière constante sans appointements spéciaux, on le proposa pour un supplément de traitement de deux mille livres : « il est dans le cas, disait-on, de recevoir beaucoup d'officiers généraux et autres personnes de considération qui viennent voir les opérations de l'École, surtout lors de la tenüe des États pendant lesquels il est obligé d'aller faire sa cour au Prince... » Le chevalier de Saint-Mars transmit cette proposition à Gribeauval qui la prit en mains et y joignit « les témoignages les plus favorables, tant sur le mérite de M. du Teil que sur la réalité des dépenses extraordinaires auxquelles sa position l'obligeait » ; mais le ministre répondit, le 4 avril, au premier inspecteur : « Sa Majesté m'a parüe très-satisfaite des témoignages avantageux dont vous avès appuyé cette demande, mais, quelque intéressans que soient les titres de M. du Teil, l'économie qu'exige la situation des finances n'a pas permis d'y avoir égard [1]. »

Le 24 octobre, Sa Majesté lui délivra un brevet spécial de commandant pour le roi à Auxonne : il était alors dans un assez mauvais état de santé et avait été obligé de demander, le 13 octobre, l'autorisation de s'absenter quatre mois à différents intervalles, ayant « souffert de l'épidémie dont presque toute la garni-

---

1. Archives administratives, Guerre.

son avait été attaquée depuis deux mois ». La facilité
qu'il sollicitait lui fut accordée le 15 novembre, car
on pouvait, disait-on, « compter sur le zèle et l'exactitude plus que sévère de ce commandant pour tout
ce qui intéresse le service [1]. »

En 1783 également, il faut noter l'arrivée à Auxonne
de deux officiers dont les noms auront quelque célé-
brité. Le 25 mai, le capitaine de Gouvion [2] était
attaché à l'École en place du chevalier de Basignan :
le commandant le distingua aussitôt et chercha à le
conserver le plus longtemps possible ; bien qu'on lui
eût envoyé, dans le courant de 1784, deux autres
capitaines en second, MM. Florans de Mollière et de
Thiballier, il demanda à la cour de maintenir Gouvion
qui revint en effet à Auxonne, par ordre du maréchal
de Ségur, le 27 août 1784, pour continuer à y remplir
les fonctions de directeur du parc de l'École ; il eut
pour successeur, en 1785, le capitaine de Thiballier [3].
Cette même année, on établit, à la résidence
d'Auxonne, un commissaire des guerres et de l'artillerie dont les attributions avaient été exercées
jusque-là par le commissaire ordonnateur de Besançon. Le titulaire de ce poste fut, à dater du 4 novembre
1783 [4], M. Naudin [5], précédemment employé en

---

1. Arch. adm., Guerre.
2. Louis-Jean-Baptiste de Gouvion, 1752 † 1823, général de
division 1799, grand-croix de la Légion d'honneur, comte et
sénateur de l'Empire, pair de France.
3. Philippe de Thiballier.
4. Registre aux délibérations, 1783-85, fol. 19.
5. Jean-Marie Naudin.

Corse ; les fonctions antérieures remplies par Naudin semblent expliquer l'accueil que reçut dans sa maison Bonaparte, en arrivant à Auxonne.

Le 1er janvier 1784, le baron du Teil était promu maréchal de camp ; le 18 juillet suivant, sa pension sur l'ordre de Saint-Louis était portée à six cents livres. L'année fut brillante pour le nouveau maréchal de camp ; il travailla « considérablement pour se préparer, conformément aux ordres de Monseigneur [1], à faire voir son école au roi de Suède [2] que l'on présumoit devoir passer par Auxonne à son arrivée en France [3] ». En effet, « on attendoit à Dijon le roy de Suède pour le 7 ou le 8 de juin ; M. de Gouvernet luy avait préparé une fête chez luy ; il étoit venu des étrangers pour le voir à son passage..., mais l'empressement qu'avoit le roy d'arriver à Paris dérangea toutes ces mesures. M. de Gouvernet [4] qui avoit été au-devant de luy jusqu'à Lyon arriva à midy et apprit au public que le roy passeroit debout ; en effet il passa à une heure après minuit et ne s'arrêta point [5]. » Mais le baron du Teil fut dédommagé de ce contretemps par les visites de deux autres princes, qu'il reçut dignement avec tout l'appareil nécessaire.

1. Le prince de Condé.
2. Gustave d'Holstein-Eutin, 1746 † 1792, roi de Suède 1771, marié à Sophie-Madeleine de Danemark.
3. Archives administratives, Guerre.
4. Philippe-Antoine-Gabriel-Victor-Charles de La Tour-du-Pin, marquis de Gouvernet, † 1794, lieutenant général 1780.
5. Gabriel Dumay : Le Mercure Dijonnais, Dijon, 1887, 1 vol. in-8, p. 513.

Le 24 juillet, le prince de Condé se rendit à Dijon
pour la tenue des États des trois ordres de la province de Bourgogne ; après la séance solennelle de
l'Académie de cette ville, tenue en son honneur, le
2 août, et au cours de laquelle M. Carnot[1], officier
au corps royal du génie, lut un éloge du maréchal
de Vauban, Son Altesse Seigneuriale s'annonça à
Auxonne où de grands préparatifs avaient été faits
pour la recevoir. Dans une séance du corps municipal, le 6 août 1784, il fut « unanimement délibéré
que, pour parvenir dignement à la réception et entrée
de S. A. S. Mgr le prince de Condé· (le dimanche
huit de ce mois), il sera publié ce présent jour à la
diligence du procureur syndic, à son de trompe, par
toutes les rues, places et carrefours tant de cette ville
que des Granges, une ordonnance par laquelle il sera
enjoint à tous les habitans, tant de cette ville que des
Granges, à peine de désobéissance, d'amende et de
plus grande peine, s'il y échet, de se préparer pour se
mettre sous les armes dimanche huit de ce mois à
sept heures du matin, de s'assembler pour cet effet

1. Cet officier « reçut une médaille d'or de la main du prince
qui le gracieusa beaucoup. — Monseigneur, répondit Carnot,
il est doux d'être couronné par un héros du nom de Condé ;
vos lauriers sont d'une espèce qui ne se flétrit jamais. » Dans
l'après-midi de ce même jour, le prince était entré au palais
et y avait entendu parler MM. Daubenthon et Carnot : « ce
dernier fit, paraît-il, un joli compliment. » Il s'agit ici des deux
fils aînés de cette famille : François-Joseph-Claude Carnot,
1752 † 1835, conseiller à la cour de cassation, et Lazare-
Hippolyte-Marguerite, 1753 † 1823, lieutenant général. —
Affiches de Dijon, 31 août 1784.

sur la place d'armes pour y recevoir les ordres qui leur seront donnés, et que cette ordonnance soit pareillement publiée le samedi sept. — Que Monsieur le Maire demeure prié de se transporter auprès de M. du Teil pour exhiber des ordres de M. de Gouvernet et lui annoncer l'arrivée de Son Altesse, lui demander la permission de faire battre la caisse et de faire mettre lesdits habitants en armes pour l'arrivée et pendant tout le temps que Son Altesse restera en cette ville et partira pour aller à Besançon. — Que le sieur procureur syndic invitera MM. les officiers et chevaliers de l'arquebuse de prendre aussi les armes s'en rapportant à l'inclination qu'ils leur connoissent de se distinguer et signaler par leur zèle en ces sortes d'occasions. — Que les clefs seront présentées à Son Altesse par M. du Teil, commandant de la ville, conjointement avec M. le Maire, à la tête du corps municipal, qui fera son compliment. — — Qu'il sera construit un arc-de-triomphe [1] au milieu du grand pont qui règne sur la rivière de Saône. — Que Son Altesse sera priée d'accepter les vins d'honneur qui lui seront présentés par ledit corps municipal. — Qu'il y aura en cet hôtel-de-ville une garde de vingt hommes commandée par un officier [2]... » La ville conserva longtemps le souvenir de la fête qui fut donnée, le 8 août, au prince, dans le polygone, par les soins du commandant pour le roi.

1. Cet arc de triomphe coûta, fournitures comprises, 36 livres 4 sols.
2. Registre 1783-86, fol. 47. — D'Auxonne, le prince se rendit à Besançon.

Quelques jours plus tard, le 14 août, le baron du Teil reçut le prince Henri de Prusse qui, accompagné de M. de la Tour du Pin, vint visiter l'École[1] ; venant de Suisse, le prince se rendait à Paris, sous le nom de comte d'Oëls. Il y fit « fureur » ; ainsi que de raison les vers lui pleuvaient de toutes parts et les métaphores n'y manquaient pas. Son séjour fut une sorte de triomphe ; sa modestie, son amabilité lui gagnèrent tous les cœurs et excitèrent l'enthousiasme. Au moment de son départ, il dit au duc de Nivernais, qui l'accompagnait de la part du roi : « J'ai passé la moitié de ma vie à désirer voir la France ; je vais passer l'autre moitié à la regretter. » Le frère du grand Frédéric dut beaucoup goûter les manœuvres et exercices auxquels on le pria d'assister à Auxonne : « Il est petit de taille, disait de lui la baronne d'Oberkirch qui l'avait vu quelques jours plus tôt à Montbéliard, il est laid, il louche d'une manière désagréable, mais il est plein d'esprit, mais il a la plus charmante conversation. Je n'ai jamais connu un homme d'un esprit plus sûr et plus délicat ; c'est un vrai héros en toutes choses. Le souvenir de ses exploits comme soldat, de son génie comme général, de ses talents comme homme politique pénètre d'ad-

1. Cette excursion mit le prince sur les dents. Suivant le Mercure Dijonnais, il alla à Auxonne « et revint dîner chez M. de Gouvernet ; il alla à l'Académie au sortir de laquelle il alla se coucher parce qu'il était fatigué du voyage d'Auxonne ; il devait aller à la Comédie, souper chez M. l'Intendant, et de là au Wauxhall ; mais tous ces arrangements manquèrent. » — Mercure Dijonnais, pp. 318 et 319.

miration. On peut bien dire que chez lui l'âme enno-
blit le corps [1]. »

Le ministre de la guerre fit accorder au commandant de l'École, en date du 21 octobre, une gratification de deux mille quatre cents livres pour l'indem-
niser d'une partie des dépenses personnelles qu'il
avait faites. Lui écrivant pour le remercier, du Teil
ajoutait, le 1er novembre : « Je m'estime heureux si
l'on a été content de la réception que vous désiriez
qui fût telle. » Le double commandement exercé par
lui à Auxonne était d'autant plus onéreux que cette
ville était nécessairement sur le passage de tous les
voyageurs se rendant de Franche-Comté en Bourgogne [2].

Deux ans plus tard, le 28 juillet, du Teil, absent
depuis le 1er janvier et rentré le 10 juin, écrivait au
ministre : « J'ai l'honneur de vous rendre compte que
les princes de Wurtemberg [3] m'envoyèrent un courrier pour me demander si je leur accorderais de voir
les instructions de pratique de mon école ; j'ai cru,
Monseigneur, remplir vos intentions en leur faisant
tout voir avec l'appareil qu'ils méritaient ; ils en ont
été satisfaits et étonnés. Je les ai reçus d'ailleurs du
mieux qu'il m'a été possible. » Sans doute les princes,
partis de Montbéliard, avaient entendu parler de
l'accueil que deux ans auparavant le prince Henri de

---

1. Mémoires de la baronne d'Oberkirch, Paris, Charpentier,
1853, 2 vol. in-8 ; t. II, pp. 147, 136 et 137.

2. Du Teil fut promu à une pension de huit cents livres sur
l'ordre de Saint-Louis, le 14 août 1785.

3. Ce sont les fils du prince Frédéric-Eugène.

Prusse, leur cousin, avait reçu à Auxonne. L'éclat de cette nouvelle réception dut être particulièrement agréable à la cour [1] car, le 21 mai, un traité [2] venait d'être signé, au sujet des limites du comté de Montbéliard, entre le roi de France et le duc de Wurtemberg.

Parlant de cet événement à ses parents, le 28 juillet, un jeune officier du régiment d'Auxonne le leur racontait ainsi : « M. de Lamortière [3], notre inspecteur,... vient de passer près d'un mois par ici. Hier on nous a commandé un polygone de parade pour le prince souverain de Wurtemberg et son frère qui viennent de prendre les eaux à Luxeuil. Nous étions sous les armes dès sept heures du matin, sans avoir déjeuné, croyant que le régiment reviendrait comme de coutume à neuf heures ; point du tout ; les princes ne sont venus qu'à midi et nous ne sommes rentrés en ville qu'à quatre heures, mourant de faim et de soif, car c'était la journée la plus chaude qu'il y ait eu [4]... »

---

1. Cette satisfaction se traduisit, suivant l'usage du temps, par une gratification s'élevant à 2.400 livres, en date du 18 août. « Le roy à qui j'en ay rendu compte, écrivit le ministre à du Teil, approuve que vous ne leur ayès rien laissé à désirer à cet égard. »

2. Le baron de Riéger et M. Gérard, prêteur royal de Strasbourg, eurent l'honneur de terminer cette affaire. Baronne d'Oberkirch, t. II, p. 306.

3. Jean-Marie-Antoine de Verton de La Mortière, maréchal de camp 1780. — Il avait remplacé, comme inspecteur, le chevalier de Saint-Mars, depuis 1785.

4. Un officier royaliste au service de la république, d'après les lettres inédites du général de Dommartin, de Bezancenet, Paris, librairie générale, 1 vol. in-8, p. 12.

A la fin de cette campagne le régiment d'Auxonne, qui était resté pendant quatre ans et demi dans la ville dont il portait le nom, partit le 5 septembre pour Metz. Le 17 de ce mois vint de Besançon le régiment du même nom, qui comptait dans son État-major :

MM.

Jacques-Roze, vicomte de Voisins [1], colonel ;
Jean-Baptiste-Marie Fayard, chevalier de Sinceny,
    lieutenant-colonel ;
Nicolas-Claude Desnoyers, major ;
Guillaume-Alexandre de Tulles,   chef de brigade ;
Charles-François Dutot,   »
Charles de Morard de la Bayette de Galles,   »
François-Alexandre-César de Perthuis,   »
Jean-Lambert Dujard,   »
Jean-Baptiste Pierre, aide-major ;
Jean Lemonnier, quartier-maître trésorier ;
Le Père La Motte, aumônier ;
Le sieur Darc, chirurgien-major.
Les nommés : Belamour, tambour-major ;
          Bellerose, armurier.

Le baron du Teil dut voir sous ses ordres, avec beaucoup de satisfaction, ce régiment formé par le bataillon dans lequel il avait fait ses premières armes et servi de 1731 à 1757 ; mais il ne devait pas le conserver longtemps à l'École d'Auxonne. Le

1. C'est cet officier, nommé maréchal de camp en 1788, qui fut tué dans une émeute à Valence en 1790.

8 octobre, la compagnie d'ouvriers de Puyvéran était en garnison dans cette ville sous les capitaines Joseph-Ferdinand de Puyvéran, en premier, et Joseph Aubri d'Arrancy, en second. A dater du 1ᵉʳ janvier 1787, Claude du Teil de Beaumont, fils aîné du commandant du Teil, y comptait comme lieutenant en premier.

En janvier 1787 arrivèrent à l'École d'Auxonne les capitaines en second Toytot et de Barthelats. Le 20 octobre 1787, le régiment de Besançon fut envoyé à Douai et remplacé immédiatement par le régiment de Metz[1] qui ne devait séjourner que deux mois dans la ville ; son État-major était composé de :

MM.

Bernard Riverieulx de Jarlay, colonel ;
Jean, chevalier du Teil, lieutenant-colonel ;
Pierre-Alexis de Rotalier, major ;
Ignace-Gabriel Durand,   chef de brigade ;
Pierre Morand Dupuch de Grangeneuve,   »
Antoine de la Jaille,   »
Jacques-François de Maigret,   »
Vincent de la Haye de Mandenaville,   »
Jean-Nicolas Bousserin, aide-major ;
Robert Chapelle, quartier-maître trésorier ;
Le Père Vallages, aumônier ;
Le sieur Tauchard, chirurgien-major ;
Les nommés : Dauder, tambour-major ;
               Desmarteaux, armurier.

---

1. Il venait de Besançon et semble y être retourné en décembre.

Le 19 décembre 1787, le dernier des régiments dont le baron du Teil fut appelé à diriger l'instruction comme commandant d'école faisait son entrée à Auxonne. C'était le régiment de La Fère[1] qui était commandé par le chevalier de La Lance[2]; il fut rejoint dans cette ville, le 25 décembre, par la compagnie de bombardiers de la Goshyère[3] qui venait du Havre et dans laquelle comptait, comme lieutenant en second, « Napolionne de Buonaparte. » Le nou-

---

1. Pour compléter la liste des corps dont du Teil dut éventuellement s'occuper, il faut citer le régiment provincial d'artillerie d'Auxonne dont l'État-major comprenait en 1779 :

Louis-Joseph comte d'Ailly, colonel ;

Gaspard-Jean-Baptiste de Brunet, lieutenant-colonel ;

Jean-Louis Belond de Coges, major.

A partir de juillet 1788, l'emploi de colonel est vacant ; le marquis de Pressac est major le 25 avril 1786, et Anne-Pierre-Basile Chevalier, comte de Saint-Maime, lui succède le 7 juin 1789.

2. Voir la composition complète de ses cadres d'officiers aux pièces justificatives.

3. Nous avons laissé le régiment de La Fère en garnison à Valence, sous les ordres du chevalier de La Lance, en 1784 (p. 169) ; c'est là que Bonaparte, nommé lieutenant le 1er septembre 1785, fit ses débuts ; il quitta le régiment pour la Corse, avec un semestre, le 1er septembre de l'année suivante et revint en France, en octobre 1787, après avoir obtenu une prolongation, solliciter un nouveau congé et s'occuper de ses affaires. Peut-être fit-il acte de présence à la dernière revue, passée le 17 octobre 1787, par son régiment, à Douai où ce corps s'était rendu en octobre 1786 : en tout cas il obtint un dernier congé de six mois le 1er décembre 1787, ce qui le menait au 1er juin 1788. Dans l'intervalle, le régiment destiné à l'armée des côtes de Normandie et de Bretagne avait quitté Douai le 18 octobre 1787 : on ne sait si l'État-major se rendit à Fougères, mais bientôt après la majeure partie du régiment se trouvait réunie à Saint-Denis d'où elle se rendit à Auxonne.

veau corps fut aussitôt passé en revue par le commissaire des guerres Naudin qui constata l'absence
de Bonaparte « du 1er octobre 1786 ayant joui du
semestre de ladite année avec prolongation jusqu'au
1er décembre 1787 ».

On n'avait donc pas encore eu connaissance, officiellement du moins, du dernier congé semestriel
tardivement demandé pour le lieutenant en second, le
7 décembre seulement. La note de la revue suivante,
passée le 24 février 1788, dit, avec plus d'exactitude,
que Napoléon était absent « sur un congé de la cour
pour six mois sans appointemens, à compter du
1er décembre dernier, à la suite du semestre de 1786
à 1787, de congé et prolongation de congé avec
appointemens jusqu'au dit jour 1er décembre » ; les
revues du 27 avril et du 31 mai [1] donnent les mêmes
motifs à l'absence de Bonaparte qui ne rejoignit que
dans les premiers jours de juin.

En arrivant, il fut logé, comme la plupart de ses
camarades, dans les pavillons d'officiers qui flanquaient les casernes ; il y avait là trois appartements
pour officiers supérieurs et cinquante et un logements
à l'usage d'officiers subalternes [2]. Les chambres réser-

---

1. Dans ces deux dernières revues, le mot *absent* est suivi
de ceux-ci : « Sur un congé de la cour pour six mois sans
appointemens à compter du 1er décembre dernier à la suite de
semestre de 1786 à 1787, et de *congés* de la cour avec appointemens jusqu'au dit jour 1er décembre. » Archives de la Côte-
d'Or, série C, 153.

2. En sorte que, suivant l'état du 13 mai 1789, 3 chefs de
brigade, 4 capitaines et 23 lieutenants recevaient de la ville
leur logement en argent, s'il n'y avait pas de congés de semestre.

vées aux lieutenants avaient uniformément 15 pieds
9 pouces de long sur 15 pieds 3 pouces de large et
étaient aérées par une fenêtre unique; elles étaient
précédées d'un petit vestibule obscur, de 4 pieds
3 pouces de large, qui commandait une chambre de
domestique de 11 pieds sur 11 pieds 6 pouces, prenant
jour du côté du corridor; ce dernier, sur lequel s'ouvrait la porte de l'entrée, avait 6 pieds de large.

Ces logements étaient pauvrement meublés; ainsi
la chambre n° 10 du Pavillon de la ville, desservie
par l'escalier n° 3 et occupée momentanément, dit-on,
par le futur empereur, était garnie comme il suit[1] :

Une platine de fonte..	9^l	
Deux chenets id. pesle et pincette ..	$4^l\,10^s$	
Un chandelier de cuivre et sa mouchette.	18^s	
Une cuvette et son pot à eau.........	14^s	
Un pot de chambre................	6^s	
Six chaises en paille...............	$3^l\,12^s$	$24^l\,12$
Un fauteuil id.	12^s	
Une chaise en bois................	1^l	
Deux portes manteaux.............	1^l	
Six serviettes....................	3^l	

Un chalit à colonne, sa paillasse et ses		
tringles.....................	11^l	
Deux matelas laine et crin...........	16^l	
Un oreiller de plumes............	6^l	
Deux paires de draps..............	14^l	
Une couverture 3 points............	6^l	113^l
Une id. 5 points	13^l	
Un tour de lit de colonne flamée.......	17^l	
Une couchette et une paillasse de domes-		
tique[2].......................	7^l	

1. Plans des casernes d'Auxonne. Côte-d'Or, C, 203.

2. Inventaire du mobilier des casernes, février 1779. Côte-
d'Or, C. 205.

La chambre 16, à laquelle on montait par l'escalier n° 3 et que Bonaparte aurait postérieurement habitée, possédait une table à tiroirs tournée et une seconde platine, mais en revanche on n'y trouvait que quatre chaises, deux serviettes et une seule paire de draps [1].

L'empereur n'avait pas conservé un trop mauvais souvenir de cette modeste vie : à Sainte-Hélène il n'avait pas de plus grand plaisir que de raconter les espiègleries de son école d'artillerie ; il semblait oublier alors momentanément les malheurs qui l'enchaînaient quand il s'abandonnait « aux détails de ces temps heureux de sa première jeunesse [2] ». Il « revenait souvent sur le corps de l'artillerie au temps de son enfance : c'était le meilleur, le mieux composé

1. Que dire de la simplicité des lieux d'aisance ! Le baron du Teil dut demander au maire d'y faire établir des séparations entre chaque lunette de siége : « J'ay remarqué, dit le voyer dans un rapport, que chaque siége est percé de quatre lunettes qui peuvent être souvent occupées dans le même instant, ce qui devient une gêne eu égard à l'infériorité ou supériorité du rang de Messieurs les officiers qui occupent les deux pavillons, notamment ceux logés *dans le pavillon du côté de la ville* : la décence qui paroit être le motif de la demande de séparation suffit seule pour en démontrer l'utilité. »

2. Mémorial de Sainte-Hélène, p. 69-70. — Pour donner une idée de la gaieté des officiers d'alors, citons ce trait rapporté dans le Mercure Dijonnais : « Le dimanche 3 août 1788, sur l'heure de midy, on vit un spectacle peu connu à Dijon. MM. les officiers d'artillerie du régiment provincial d'Auxonne s'étant mis à danser en rond, l'un d'eux entra dans le milieu de la danse monté sur les épaules d'un tambour et reçut sur son derrière un coup de la main de chaque officier. Il remercia le tambour et luy donna douze sous. C'est là une punition en forme de jeu nommée fonte de la cloche : l'officier mis ainsi sur la sellette avait manqué à une dame. »

de l'Europe, disait-il ; c'était un service tout de famille, des chefs entièrement paternels, les plus braves, les plus dignes gens du monde, purs comme de l'or ; trop vieux parce que la paix avait été longue. Les jeunes gens..... les adoraient et ne faisaient que leur rendre justice [1] ».

1. Mémorial, p. 744.

IV

UNE ÉCOLE D'ARTILLERIE
EN 1780

EXPÉRIENCES FAITES A AUXONNE
1781-1788

De 1720 à 1780, des changements avaient été apportés nécessairement au programme des Écoles d'artillerie; les derniers dataient de la suppression de l'école préparatoire de La Fère et avaient été indiqués sommairement par l'ordonnance du 15 décembre 1772; d'autres avaient été nécessités par le développement et l'extension du corps, instruit dans chaque école d'artillerie, qui, simple bataillon d'abord, avait postérieurement formé une brigade pour devenir, en 1765, un régiment entier. Sans avoir recours pour l'ordonnance de 1772, comme pour celle de 1720, au corollaire officiel publié sous forme de règlement afin de se rendre compte des progrès faits et des réformes réalisées, on peut consulter avec fruit les dispositions prises dans chacune des écoles par leurs chefs : l'un d'eux, Lamy du Chatel[1], com-

---

1. Pierre-Bernard Lamy du Chatel, maréchal de camp 1780,

mandant de l'École de Metz, où se trouvait en garnison le régiment de Strasbourg, rendit, en novembre 1773 et en mai 1774, deux intéressantes décisions relatives, la première aux écoles de théorie, la seconde aux écoles de pratique : elles semblent donner une idée très-exacte des méthodes d'enseignement en usage alors, notamment à Auxonne, à la fin de l'ancien régime, puisque cet officier fut, quelques années plus tard, inspecteur général du département dans lequel cette école était comprise et dut, par conséquent, y faire appliquer les principes édictés par lui antérieurement.

Dans chaque école le roi entretenait un professeur de mathématiques, un aide ou répétiteur, et un maître de dessin. L'école de théorie avait lieu toute l'année trois fois pas semaine, de neuf heures du matin à midi, sous la présidence d'un capitaine en premier et la haute surveillance de l'officier major de semaine. La salle de mathématiques des mardis était entièrement consacrée à l'instruction des lieutenants et aspirants et divisée en deux leçons, la première de deux heures, la seconde d'une heure ; les salles des jeudis et samedis se subdivisaient en deux séances : la première de deux heures, pour les lieutenants et aspirants instruits qui devaient y étudier pendant une heure la première section de l'algèbre et pendant l'heure suivante les développements pratiques de géométrie et de mécanique relatifs au service du corps ; la seconde d'une heure, pour les capitaines en second et consacrée à l'application de la géométrie aux travaux de la guerre et à l'étude de la construction des bâti-

ments de l'artillerie et de la fortification. A la fin de
chaque séance, le professeur indiquait l'objet de la
salle suivante et le capitaine chargé du cours désignait
les officiers ou aspirants qui tiendraient les séances de
chacune des leçons de cette salle.

La salle de dessin avait lieu les mêmes jours, de
deux à quatre heures : tous les lieutenants devaient
s'y trouver ; ils commençaient par dessiner la carte,
puis passaient aux modèles d'attirails et d'affûts d'artillerie, aux profils de bâtiments et de fortification[1] :
tous leurs dessins étaient conservés pour être présentés au commandant de l'École lors des examens et à
l'inspecteur général à l'époque de sa tournée.

La salle du répétiteur, consacrée aux aspirants, se
tenait aux mêmes heures que celle du maître, sous
la surveillance des officiers chargés de ces élèves qui
devaient y revoir la géométrie, avec toutes les applica-
tions de calcul relatives à cette science, la trigonométrie et la mécanique.

La salle de conférence des capitaines avait lieu tous
les lundis, de dix heures et demie à midi : elle avait
pour objet l'examen des mémoires présentés par ces
officiers, en même temps que l'attaque et la défense
des places, les uns étant chargés du projet d'attaque
et les autres de celui de défense.

Une fois par semaine, on rassemblait, pendant deux

1. Bonaparte s'occupa un peu de dessin à Auxonne : à la
suite d'extraits sur les mémoires du baron de Tott, on voit,
dans l'un de ses cahiers, le croquis « informe » d'une maison ;
ailleurs, sur la couverture d'un autre cahier, il esquisse le plan
d'une redoute. Masson, 1, 141, note 1 ; 415, note 1.

heures, les lieutenants pour les instruire dans l'exécution des manœuvres d'artillerie, dans la méthode de faire tous les nœuds en usage, dans la connaissance de toutes les parties et proportions des bouches à feu et de leurs attirails. Le commandant les exemptait de cette école au fur et à mesure de leur instruction.

Les officiers de l'État-major du régiment étaient chargés de la surveillance de la salle d'arithmétique des sergents et des salles de théorie et d'artifice.

Quant aux écoles de pratique, elles se tenaient seulement pendant la belle saison, de mai à octobre; elles avaient lieu trois fois par semaine dans la matinée, les lundis, mercredis et vendredis; le contrôle du détachement commandé était remis la veille par le commandant d'école au major du régiment, chargé du rassemblement. Le détachement, rendu au parc à quatre heures du matin, était conduit avec les outils nécessaires sur l'emplacement du polygone où il était employé à sa construction par le directeur jusqu'à six heures et demie, puis passait, jusqu'à huit heures, aux différents exercices prescrits. Chaque soldat devait travailler suivant sa destination; les aspirants étaient attachés aux compagnies pour être exercés comme la troupe au service de l'infanterie et de l'artillerie.

La direction du parc était composée d'un capitaine en premier, directeur, assisté d'un lieutenant en premier; d'un capitaine en second, sous-directeur, qui avait sous lui un lieutenant en second, et d'un conducteur des charrois : le directeur et le sous-directeur, chacun avec son aide, alternaient pour les jours d'exercice.

Pendant la campagne, on procédait d'abord au rétablissement de toutes les batteries ordonnées, à la mise en état de tous les agrès dépendant de l'école de pratique, à l'approvisionnement de toutes les bouches à feu ; on passait ensuite au tir des batteries de siége, au jet des bombes, au service des obusiers et des pierriers, et à l'école de pratique de l'artifice ; on ne négligeait aucune des manœuvres de l'artillerie : l'équipement et l'emploi de la chèvre et du trique-balle, le relèvement d'une pièce versée, tombée dans un fossé ou enfoncée dans un bourbier.

Sous un officier et un sergent de sapeur on établis-sait des ateliers de saucissons, claies, gabions de tranchée et fagots de sape pour servir aux construc-tions de batteries et à la conduite de la sape. Cette dernière école, dirigée par un capitaine, était con-duite par les officiers de sapeurs et tous les officiers du régiment successivement. Les travaux du poly-gone, exécutés d'après un plan remis par le comman-dant de l'école, étaient surveillés alternativement par un capitaine en premier, directeur, et un capitaine en second, sous-directeur ; les travailleurs étaient divisés en deux escouades, placées chacune sous un lieutenant en premier et un lieutenant en second, assistés de deux sergents et de deux caporaux intelligents, pour permettre aux officiers d'alterner entre eux. Après l'achèvement du polygone, on s'occupait de l'objet de sa défense. L'instruction de la compagnie de mineurs commençait par une galerie à ciel découvert.

On commandait un certain nombre de lieutenants ou aspirants pour suivre les différents travaux ; les moins instruits servaient à chaque école, jusqu'à parfaite instruction, un mortier de huit pouces et une pièce de quatre. Les recrues et les soldats dont l'instruction était insuffisante étaient exercés au service en blanc des différentes bouches à feu. Les exercices de tir étaient dirigés par un officier major ; le capitaine faisait de temps en temps commander les lieutenants placés sous lui.

Le commandant d'école et le professeur faisaient passer tous les six mois des examens aux lieutenants, surnuméraires ou aspirants ; lors de sa revue, l'inspecteur général les examinait également et rendait compte au secrétaire d'État du département de la guerre ; les jeunes officiers, quelle que fût leur ancienneté, ne pouvaient monter aux emplois vacants qu'en raison de leurs capacités, et ils ne jouissaient de semestres ou de congés qu'en récompense de leur application et de leurs progrès.

Malgré l'uniformité qui devait régner dans les sept écoles, chaque commandant avait certaines latitudes lui permettant de faire faire quelques expériences spéciales dans le but d'éclaircir des points douteux ou de satisfaire la curiosité des officiers du régiment dont l'instruction lui incombait.

Les principales expériences que le baron du Teil fit faire à Auxonne portèrent sur les vitesses initiales résultant des différentes charges, la portée des quatre espèces de mortiers, les portées des poudres en grain et pulvérin, l'usage du canon pour le tir des bombes.

Les premières, relatives aux vitesses initiales, furent faites en 1781, en présence des officiers du régiment de Strasbourg, et répétées en 1783 devant ceux du régiment d'Auxonne. Les pièces mises en expérience furent des canons de siége et de place des cinq calibres de 24, 16, 12, 8 et 4; des canons de bataille des calibres de 12, 8 et 4, et des obusiers de 8 et 6 pouces; les charges éprouvées varièrent de 12 onces à 12 livres avec la pièce de 24, de 8 onces à 8 livres avec celle de 16, de 8 onces à 4 livres avec celle de 12 longue, de 8 onces à 3 livres avec celle de 8, de 8 onces à 1 livre 1/2 pour celle de 4; pour les pièces courtes ou de bataille, on employa la charge de 4 livres pour le 12, de 2 livres 1/2 pour le 8, et de 1 livre 1/2 pour le 4; pour les obusiers, les charges vérifiées furent de 12, 14, 16, 20, 24 et 28 onces. Les boulets employés furent pesés afin de les choisir d'un poids à peu près égal. Les tables de ces vitesses initiales [1] furent relevées par le professeur Lombard.

La répétition de ces expériences en 1783 [2] permit de faire une curieuse remarque : on trouva la seconde fois une vitesse beaucoup moindre pour les boulets de 8 et de 4 des pièces de campagne, et l'on ne put s'expliquer cette différence qu'en se rappelant la

1. Lombard, Traité du mouvement des projectiles, Dijon, Frantin, an V, 1 vol. in-8; pp. 146 et 147.
2. Il faut noter pendant cette même année plusieurs expériences sur l'enclouage faites sur une pièce de 24 qui servit, en 1786, au tir des bombes. — Lombard, Tables du canon et des obusiers, 1787, 1 vol. in-8, p. 163.

visite générale de toutes les bouches à feu de l'école, ordonnée précédemment par le baron du Teil, dans le but de constater l'état des pièces et d'apprendre aux officiers l'usage des instruments nécessaires à cette vérification. Depuis deux ans qu'on n'avait fait pareille visite, le diamètre de l'âme avait considérablement augmenté dans la plupart des bouches à feu visitées, et l'on attribua à cet évasement la diminution de vitesse observée aux dernières épreuves[1]. Ceci conduisit Lombard à dresser une table relative à l'évasement des pièces de campagne, variant de 1 à 18 points ; ce maximum, qui donnait au boulet un vent de 2 lignes 6 points, fut choisi parce qu'un évasement supérieur mettait la pièce hors de service.

Les expériences sur les portées des mortiers viennent naturellement en leur place après celles des vitesses initiales ; elles eurent lieu en août 1786[2] et furent dirigées par M. Tardy de la Brosse[3], capitaine de bombardiers au régiment d'Auxonne. Déjà des épreuves similaires avaient été faites en 1771, à La Fère, mais le tableau dressé dans cette école était sans valeur, car on avait négligé d'indiquer la qualité de la poudre employée ; aussi vit-on sans étonnement que les effets obtenus en 1786 étaient sensiblement différents. Ces expériences s'imposaient d'ailleurs pour les mortiers de 10 pouces dont on n'avait pas encore fait usage et n'étaient pas sans utilité pour les autres. Les mortiers employés furent des mortiers

1. Mouvement des projectiles, pp. 159, 160 et 162.
2. Jean-Philippe Tardy de La Brosse.
3. Les 10, 11, 14, 16, 19, 24 et 26 août 1786. P. 170 et suivantes.

n'ayant pas encore servi, de 10, à grande et à petite portée, de 12 et de 8 pouces ; les bombes furent choisies de diamètre moyen et réduites au même poids au moyen de terre que l'on y introduisit : elles furent placées concentriquement dans le mortier et assujetties au moyen de quatre éclisses ; les charges de poudre [1] avaient été soigneusement pesées et renfermées dans des gargousses de papier moulées sur un mandrin, de manière à avoir exactement la forme de la chambre du mortier [2].

Sur ces expériences se greffèrent des observations relatives aux fusées dont on fit usage à deux séances : on remarqua que la durée de ces fusées, de 35 secondes au repos, était diminuée d'un tiers par le mouvement de la bombe, lequel, d'ailleurs, ne les empêcha pas de prendre feu et de brûler.

Une troisième série d'expériences fut faite en septembre 1785 sur les portées des poudres en grains et en pulvérin. L'on avait déjà remarqué que la rapidité de l'inflammation de la poudre dépendait beaucoup de la forme de ses grains. Le comte de Rostaing avait fait faire à Auxonne, en 1777, des épreuves comparatives de la meilleure poudre « grenée » de Suisse et de la poudre de France : la première porta le globe à 122 toises, la seconde à 101 ; réduites en pulvérin, la poudre de Suisse ne porta plus qu'à 95 toises et celle

---

1. Poudre de 104 toises, c'est-à-dire portant à cette distance, au moyen du mortier d'épreuve, le globe de 60 livres avec 3 onces de charge.

2. Tables du tir des canons et des obusiers, page 170 et suivantes.

de France conserva sa portée. La supériorité de la poudre de Berne, dans la première expérience, avait donc été attribuée à la sphéricité et à l'égalité de ses grains puisqu'elle était inférieure à la poudre française, très-irrégulière de forme, par la qualité des matières [1].

Les épreuves de 1785 faites avec l'éprouvette portèrent sur des charges de trois onces de poudre brute, tamisée ou pulvérisée, refoulées ou non refoulées; les meilleurs résultats furent obtenus par les charges de poudre brute, c'est-à-dire en grains, refoulées au moyen d'un maillet et d'un chassoir, et par les charges de poudre tamisée, ce qui concorde bien avec les observations faites en 1777. Le feu fut commandé à ces épreuves par M. de Josserand, capitaine, en présence de MM. de Madaillan, chef de brigade; Dauger, Jumécourt et Tardy, capitaines [2].

La dernière série d'expériences sur laquelle on possède de nombreux détails et deux rapports originaux de Bonaparte est relative au jet des bombes avec le canon; cette idée n'était point nouvelle et l'attention du baron du Teil avait sans doute été attirée sur elle par ses souvenirs personnels sur la prise de Marbourg en 1760 : on sait que le comte de

1. Nouveaux principes d'artillerie de M. Benjamin Robins, commentés par M. Léonard Euler, traduits par Lombard, Dijon, Frantin, 1783, 1 vol. in-8, pp. 272 et 273 et note 18.

2. Procès-verbal original donnant la composition de la commission et signé par ses membres ainsi que par MM. de Cirfontaine, colonel; de La Tour, lieutenant-colonel; Molard d'Aley et de Capriol, chefs de brigades, et Lombard, professeur. Papiers de famille.

Chabo ne put rien entreprendre de définitif contre cette place avant l'arrivée des mortiers qu'on avait demandés et qui se firent attendre deux jours; déjà, dans les écoles, on s'était préoccupé de cette question, M. le Duc[1] avait même fait faire à Strasbourg des expériences qui furent postérieurement répétées à La Fère, mais qu'on ne connaissait que par ouï-dire, en l'absence de tout procès-verbal relatif aux résultats obtenus. Les épreuves d'Auxonne furent reprises pendant trois campagnes, en 1784, 1786 et 1788, avec des variantes importantes destinées à en augmenter l'intérêt.

Les premières eurent lieu en septembre 1784[2], avec une pièce entière de 24, *le Sage*, longue de 6 pieds 9 pouces, et en se servant de poudre portant le globe à 112 toises : la principale préoccupation fut de placer le canon dans une situation ferme et inébranlable. Après plusieurs tentatives, on trouva qu'il suffisait « d'enfoncer la culasse dans une cavité creusée en terre environ 30 pouces en quarré et d'une profondeur telle que la lumière fût un peu au-dessus de la surface du terrain; le bouton appuyé contre une forte pièce de bois ou heurtoir, et la volée soutenue par un ou plusieurs chantiers, selon la longueur du canon, arrêtés par quatre piquets, deux en avant et deux en arrière. Ces chantiers et heurtoir étant placés perpendiculairement à la ligne de tir, la pièce conserve sa

1. Claude-Marie-Valenciennes Le Duc, maréchal de camp 1780.

2. Les 2, 9 et 10 septembre. — Table du tir des canons et des obusiers, pp. 167 et 168 ; 166.

direction et son inclinaison [1]... Deux bouts de ficelle, attachée d'une part aux anses de la bombe et de l'autre à une ceinture de corde arrêtée par la saillie de la moulure la plus prochaine, ont suffi pour assujettir la bombe sur la bouche du canon ».

Les secondes épreuves furent faites en août 1786 [2], mais cette fois avec un tronçon de canon ; une pièce de 24 défectueuse qui avait été soumise à des expériences d'enclouage, fut percée à la volée par un boulet de 16, tiré avec une charge de 4 livres de poudre, à une distance de 12 pieds ; la partie endommagée ayant été enlevée par un trait de scie, la longueur d'âme fut réduite à 6 pieds 4 pouces ; postérieurement la même pièce fut coupée sur le tour par une section faite contre la doucine de la volée, ce qui lui donna une longueur d'âme de 4 pieds, 9 lignes, 10 points, amenée enfin à 2 pieds, 5 pouces, 10 lignes, 3 points par une dernière section pratiquée contre la doucine du second renfort. On se servit successivement de bombes de 8 pouces, du poids de 44 livres, et de bombes de 10, pesant 104 livres ; enfin, avec le plus petit tronçon, on jeta des projectiles de 11 pouces 10 lignes, de 145 livres ; les charges de poudre, portant le globe de 60 livres à 104 toises, étaient enfermées dans des gargousses de papier mises au fond de l'âme, sans être refoulées, et recouvertes d'un bouchon de paille refoulé d'un seul coup.

On reconnut que la direction des coups était bonne,

1. A environ 40 degrés. P. 166.
2. Les 10, 17, 18, 24 et 26 août.

que les portées étaient suffisantes et d'autant plus longues que le tronçon du canon était plus court, mais qu'il fallait beaucoup plus de poudre qu'avec un mortier, considération d'ailleurs sans importance réelle puisque cette méthode ne devait être mise en usage que dans les cas où l'on se trouverait dans la nécessité de jeter des bombes sans avoir de mortiers ; on remarqua en outre qu'il fallait beaucoup moins de temps pour disposer un tronçon de canon dans ce genre de tir que pour construire une plate-forme de mortiers et que la manœuvre de chargement et de pointage était aussi plus expéditive. En un mot, tout concourut à démontrer l'utilité de cette manière de tirer les bombes et les services que peut rendre une pièce dont la volée est dégradée, mais dont la lumière et la chambre sont intactes.

Les dernières épreuves sur cet objet semblent avoir eu lieu en 1788, en présence des officiers du régiment de La Fère. Cette fois on étudia simultanément la question du tir des bombes avec des pièces de siége, sans affût, de 16, 12 et 8, et un tronçon de canon de 24, et on les compliqua par l'essai qu'on fit de tirer des bombes de calibre inférieur avec des mortiers de 12, 10 et 8 pouces, avec ou sans affût[1]. La commission choisie par le baron du Teil fut composée de MM. de Quentin, chef de brigade ; Lombard, professeur ; du

1. Dans son aide-mémoire de 1789, Gassendi résume les résultats de ces expériences en deux pages consacrées la première (451) au tir des bombes avec les canons, la seconde (452) au même tir avec des mortiers de calibre supérieur à celui des bombes.

Hamel, de Menibus et Gassendi, capitaines; Hennet, Rulhière, du Vaizeau et Bonaparte, lieutenants; ce dernier, comme le plus jeune, fut chargé de présider à la mise en batterie des pièces et mortiers sans affût et de rédiger le rapport que tous signèrent : l'ordre du commandant était du 8 août, les séances eurent lieu les 12, 13, 18 et 19 de ce mois[1]. Les épreuves réussirent, mais on remarqua que la tranche de la bouche des pièces se détériorait en tirant des bombes de 10 pouces avec de fortes charges : le désir de connaître la plus grande quantité de poudre qu'il serait possible d'employer sans tomber dans cet inconvénient et de déterminer la portée que l'on obtiendrait avec des pièces de campagne de 12, de 8 et de 4, dicta à Bonaparte un mémoire[2] qu'il présenta ou qu'il eut

1. Les dates de ces épreuves donnent une très-grande vraisemblance à la lettre de Bonaparte à Fesch, en date du 22 août, publiée dans les œuvres littéraires de Napoléon Bonaparte :

« ... Je suis indisposé ; les grands travaux que j'ai dirigés ces jours derniers en sont cause. Vous saurez, mon cher oncle, que le général d'ici m'a pris en grande considération, au point de me charger de construire au polygone plusieurs ouvrages qui exigeaient de grands calculs et, pendant dix jours, matin et soir, à la tête de deux cents hommes, j'ai été occupé. Cette marque inouïe de faveur a un peu irrité contre moi les capitaines qui prétendent que c'est leur faire tort que de charger un lieutenant d'une besogne si essentielle et que, lorsqu'il y a plus de trente travailleurs, il doit y avoir un d'eux. Mes camarades aussi montrent un peu de jalousie ; mais tout cela se dissipe. Ce qui m'inquiète le plus, c'est ma santé qui ne me paraît pas trop bonne..... »

2. Ce mémoire a la très-grande importance de permettre de distinguer dans le procès-verbal de 1788 les idées personnelles de Bonaparte de celles des autres membres de la commission. Ces expériences et la visite du prince de Condé, en 1784, ont

tout au moins l'intention de soumettre au baron du
Teil le 30 mars 1789, pour lui demander de renouve-
ler les expériences dans ce sens nouveau, pendant la
campagne qui allait commencer[1]. L'allusion faite par
M. de La Mortière, dans son rapport d'inspection en
1789, à la variété des manœuvres prescrites par le
commandant d'école et au degré d'instruction des officiers et soldats du régiment relativement au service de toutes les bouches à feu, « même dans le

sans doute donné naissance à la légende suivante : « Le prince
de Condé s'annonça un jour à l'école d'artillerie d'Auxonne ;
c'était un grand honneur et une grande affaire que de se trouver inspecté par ce prince militaire. Le commandant, en dépit
de la hiérarchie, mit le jeune Napoléon à la tête du polygone,
de préférence à d'autres d'un rang supérieur. Or il arriva que
la veille de l'inspection tous les canons du polygone furent
encloués ; mais Napoléon était trop alerte, avait l'œil trop vif
pour se laisser prendre à ce mauvais tour de ses camarades ou
peut-être même au piége de l'illustre voyageur. » Ces faits
supposés, rapportés dans le Mémorial, p. 69, ont trouvé aussi
un écho dans les Mémoires du comte Horace de Viel-Castel, t. II,
p. 73.

1. Le sérieux avec lequel Napoléon suivit ces expériences
rend assez invraisemblable la plaisanterie d'un goût douteux
dont le baron du Teil aurait failli être victime et que rapporte
ainsi le Mémorial : « C'était un vieux commandant de plus de
quatre-vingts ans qu'ils vénéraient fort du reste, lequel, venant
un jour leur faire faire l'exercice du canon, suivait chaque coup
avec sa lorgnette, assurait qu'on devait avoir été bien loin du
but, s'inquiétait, s'informait à ses voisins si quelqu'un avait
vu porter le coup : personne n'avait garde, les jeunes gens
escamotant le boulet toutes les fois qu'ils chargeaient. Le vieux
général avait de l'esprit : au bout de cinq à six coups, il lui prit
fantaisie de faire compter les boulets ; il n'y eut pas moyen
de s'en dédire, il trouva le tour fort gai, mais n'en ordonna pas
moins les arrêts. »

cas où on manquerait d'affûts ou machines » pour
en faciliter l'emploi semblerait indiquer que la curiosité du jeune lieutenant en second fut satisfaite au
moins en partie.

Les premiers travaux de Bonaparte sur l'artillerie
remontent au mois de janvier 1789; il n'est rien resté
des notes qu'il a pu prendre à l'école de Valence, ce
qui permet de supposer que le goût des choses de son
métier ne lui vint qu'assez tard, à Auxonne, et lui fut
inspiré par les attentions de son commandant d'école
pour lui et par les savantes leçons de son professeur.
Le cours qu'il suivit dut commencer par l'examen de
la discussion des systèmes Vallière et Gribeauval : en
tout cas, treize pages in-folio, datées de janvier 1789,
qui ont été conservées et portent le titre de « 1er
cahier sur l'artillerie », résument le mémoire du marquis de Vallière sur les questions controversées entre
MM. de Gribeauval et de Saint-Auban, inséré en
1772 dans les mémoires de l'Académie [1]. Après l'étude
de l'artillerie en usage au XVIIIe siècle, on dut passer
à un enseignement rétrospectif concernant le matériel
employé sous Louis XIV : ces dernières leçons rou-
lèrent sur les mémoires de Surirey de Saint-Remy
dont la dernière édition devait être consultée à l'école
d'Auxonne; de cette partie du cours, il reste douze
pages in-folio, de Bonaparte, écrites en février 1789 [2].
Enfin un troisième fragment, également de douze
pages, porte ce titre : « Principes d'artillerie » et se

1. Masson, t. I, pp. 241 à 248.
2. Masson, t. I, pp. 262 à 271.

termine par cette mention : « Fin du 5ᵉ cahier » ; il
semble avoir été écrit d'après le cours spécial fait par
Lombard à ses élèves ; il y est question de l'inflammation de la charge de poudre, du mouvement qu'elle
donne au boulet ainsi que la résistance de l'air et
de l'emploi raisonné des fortes ou petites charges, suivant l'effet à produire : Robins est souvent invoqué
par le professeur d'Auxonne à l'appui de ses propositions ; cette dissertation est suivie d'une description
du canon rayé, de son chargement et de ses avantages ;
les dernières pages paraissent avoir été prises pendant les conférences spéciales auxquelles Lombard
convoquait quelques officiers pour revoir avec eux
certaine parties de son cours, puisqu'elles sont relatives aux différentes vitesses que peuvent imprimer à
un même boulet des charges plus ou moins fortes et
des pièces plus ou moins longues : le nom de Robins
revient ici encore sous la plume de l'élève [1].

1. Masson, t. I, pp. 249 à 261. — En dehors de ces cahiers
d'artillerie et d'un projet de constitution de la calotte du régiment, Napoléon a laissé de cette époque des notes prises sur la
république de Platon, des extraits de l'histoire ancienne de
Rollin, datés de 1788 et concernant la Perse, la Grèce, l'Égypte,
Carthage, l'Assyrie ; des notes tirées des œuvres de l'abbé
Raynal sur l'établissement et le commerce des Européens dans
les deux Indes, des extraits de l'histoire de l'Angleterre de
Barrow, commencés en juillet 1788 ; une nouvelle : le comte
d'Essex ; un résumé de l'histoire de Frédéric II de Prusse,
écrit en décembre 1788 ; des notes prises dans les mémoires
de l'abbé Terray, des extraits des mémoires du baron de Tott
sur les Turcs et les Tartares, datés de janvier 1789 ; des notes
tirées des lettres de cachet du comte de Mirabeau et de l'Espion
anglais, de nombreux extraits de Buffon relatifs à l'histoire
naturelle, pris en mars 1789 ; diverses notes relatives à l'his-

Il est bien regrettable que ces fragments ne soient pas plus nombreux ; néanmoins tels qu'ils existent, ils suffisent pour établir qu'à ce moment, Napoléon Bonaparte fut séduit dans une certaine mesure, par son métier [1]. Le souvenir qu'il conservait de l'école d'Auxonne et de son commandant en est la preuve ; ne dit-il pas, dans ses œuvres, que le général du Teil, l'aîné, « était un excellent officier d'artillerie » et que « son école était la seule où les officiers fussent à même de s'instruire. »

Une pièce authentique, d'ailleurs, le rapport de La Mortière sur son inspection générale à Auxonne, en 1789, permet de se rendre un compte parfaitement exact de l'enseignement que reçurent dans cet établissement les officiers du régiment de La Fère.

« Tableau des instructions que l'on suit à cette école, sous le commandement de M. le baron du Teil, savoir :

École de pratique.

Le terrein sur lequel on a établi le polygone est sujet fréquemment à de grandes innondations ; il est

---

toire des Arabes de l'abbé Marigny, au gouvernement de Venise par Amelot de la Houssaye, aux observations sur l'histoire de France de l'abbé Mably (avril, mai et août 1789), à la géographie moderne de l'abbé Lacroix, au rapport de Necker du 5 mai 1789, différents extraits de gazettes (juin 1789), enfin des lettres sur la Corse. Masson, t. I et II.

1. M. Frédéric Masson, que je ne saurais trop remercier de l'échange d'idées qui s'est établi entre nous au cours de nos longues conversations sur les débuts de Bonaparte dans la carrière des armes, dit en effet qu'en 1788 Napoléon voulait être *un bon artilleur*.

très-rétressi et ne consiste qu'en un polygone de cinq
Bastions tracés sur une échelle de la petite fortification. On ne peut y établir de tranchées, ni instruire
les sapeurs, parce qu'on ne peut creuser au-dessous
d'un pied et demi dans les tems de basses eaux. Le
terrein entre la batterie et la butte est une commune
où les bestiaux de plusieurs communautés paissent
toute l'année, de sorte qu'elles sont obligées de les
mener plus loin les jours que l'on fait école. Le reste
du terrein entourant ce Polygone est une prairie
dont on ne peut disposer pour aucunes manœuvres
qu'après que les foins sont faits ; encore, lorsqu'on
veut y établir le canon de bataille, les particuliers à
qui appartient le terrein demandent des dédommage-
mens. La butte pour le canon et le terrein pour le jet
des bombes n'ont d'espace exactement que l'étendue
de celui nécessaire pour leur établissement et sont
entourés de terres labourées qui sont souvent mal-
traitées par les ricochets ou par les bombes qui
s'écartent de la perche qui sert de but aux bombardiers. — J'ai depuis plusieurs années demandé une
augmentation de terrein et notamment sous le
ministère de M. le maréchal de Ségur, qui avoit
promis d'avoir égard à ma demande, en sentant la
nécessité, mais qui n'a pas eu le tems de remplir ses
vues, quoique je me sois borné alors à ne demander
que l'espace de terrein nécessaire pour y établir un
simple front de polygone sur une élévation au-dessus
du niveau de la prairie, non sujette à innondation,
afin d'y conduire facilement une sappe et établir des
batteries d'instructions de toutes les espèces.

Pour appuyer ma demande j'avois adressé au ministre un plan du terrein avec un mémoire y relatif que je n'ai pas eu le tems de me procurer à cette inspection et que j'adresserai de nouveau à M. le Comte de La Tour du Pin, pendant le courant de l'hiver.

Batterie de siége. — Cette batterie est établie sur une courtine d'un des fronts du polygone ci-dessus cité et qui fait face à un coteau assez élevé qui règne depuis la chaussée de Dijon jusqu'au village de Tillenaye, et comme cette courtine n'est pas suffisante pour contenir toutes les bouches à feu indiquées par l'ordonnance pour servir d'instruction aux canoniers et bombardiers, on a placé les mortiers dans le bastion de la droite et les obuziers et pierriers dans le bastion de la gauche. Cette batterie n'est éloignée du but que de 215 toises et l'on ne peut porter plus en arrière les dites pièces pour obtenir des portées plus longues à moins de les sortir du polygone et de les placer dans la prairie dont j'ai parlé plus haut pour tirer sans épaulement.

Batterie de mortiers. — On a vu par ce qui est dit à l'article précédent que l'emplacement de ces bouches à feu n'est distant du but que de 240 toises et si, pour instruire les bombardiers à tirer avec justesse à des distances plus longues, on veut se porter en arrière, il faut également sortir les mortiers du polygone pour les porter dans la prairie sur des terreins appartenans à des particuliers avec lesquels il faut prendre des arrangemens pour éviter leur mécontentement.

Pièces de campagne. — On est obligé pour ce service de porter ces pièces dans la prairie que je viens de citer et on est sujet aux mêmes incomodités relativement aux particuliers à qui appartient cette prairie.

Malgré tous ces inconvéniens *le Régiment de la Fère est très instruit* sur le tir de toutes ces bouches à feu *par les soins du commandant de l'école qui varie ses instructions de toutes les manières pour ne rien laisser ignorer ni à l'officier, ni aux canoniers, ni aux bombardiers* sur les ressources à employer pour se servir de toutes les bouches à feu, même dans le cas où on manquerait d'affûts ou machines pour en faciliter la manœuvre.

Artifice. — Cette partie du service est très bien montée ici et l'artificier qui la dirige est un homme très instruit et très zélé.

Manœuvres de force. — Il n'en est aucunes auxquelles on ne donne des instructions aux canonniers, et le professeur de mathématiques en démontre la théorie à tous les officiers.

École de Théorie.

Salle de mathématiques. — Je viens de citer à l'instant le professeur de mathématiques chargé de l'instruction théorique. *Il en est peu qui possède autant de talents* pour conduire les jeunes gens aux connoissances sublimes des mathématiques, il ne se borne pas aux démonstrations publiques des salles ; *il tient chez lui des conférences auxquelles les jeunes gens qui veullent acquérir des connoissances plus étendues se rendent* et beaucoup en savent profiter. Il les conduit souvent sur le terrain pour y faire l'aplication des principes de géométrie à la levée des plans et aux tracés des fortifications de campagne.

École de dessin. — Elle est montée de manière que les jeunes officiers peuvent, en moins d'une année, acquérir les connoissances des systèmes des fortifications, de leurs plans, profils, élévations et coupes de différentes espèces d'architectures, de la levée des plans, du lavis, et de tout ce qui a trait à la perspective. Ceux qui ont des dispositions peuvent, après ces premiers principes, se perfectionner à l'aide du professeur de dessin qui entend parfaitement cette partie.

Salle de conférences. — On y traite deux fois par semaine de tout ce qui a rapport à l'attaque et à la deffence des places, à la construction des tranchées, sappes, descentes de fossés et tout ce qui a rapport à la théorie des mines; on y traite aussi souvent des manœuvres de l'infanterie mêlée avec du canon de bataille [1]. »

---

1. Archives de la guerre, Écoles d'artillerie, Auxonne. L'on a rapporté, page 67, les expressions dont se sert Lombard pour expliquer sa découverte de 1777; en réalité la supériorité de la poudre de Suisse naturelle aurait dû être attribuée, non à la rapidité de son inflammation, mais à la durée relative de sa combustion résultant du diamètre de ses grains : en un mot c'était une poudre lente.

V

PREMIERS MOUVEMENTS RÉVOLUTIONNAIRES
A AUXONNE

1789-1791

Mais des événements graves se passaient en France
et la Bourgogne était particulièrement troublée; une
émeute venait d'éclater à Seurre, à propos d'un important achat de blé fait à Gray par deux négociants lyonnais, MM. Gayet et Morlot, qui, accusés d'accapare-
ment, furent massacrés par la population; le marquis
de Gouvernet, commandant pour le roi en Bourgogne,
ordonna qu'on fît passer dans cette ville un détachement de cent hommes du régiment de La Fère [1]; c'était
au tour de la compagnie de La Goshyère, alors commandée par Coquebert, de marcher; en l'absence du
capitaine, les lieutenants Hennet du Vigneux et

1. Le 23 mars 1789 la commission d'examen du régiment de
La Fère, composée de MM. d'Aux, Quiefdeville, Montperreux,
Lagrange et Ménoir, demanda au roi d'accorder la première
place de lieutenant en second vacante dans le corps au chevalier Marie-Césaire du Teil, né en 1772, qui fut promu le 26
septembre suivant. Il avait été refusé en 1786 « pour trois
mois d'âge qui lui manquaient »; depuis, il n'y avait pas eu
d'examen.

Bonaparte se mirent à la tête de leurs soldats et partirent le 2 avril ; leur séjour dans Seurre fut de vingt-cinq jours[1]. Dès que les troubles furent apaisés, Pierre Millot, maire perpétuel de la ville, donna sa démission le 15 août.

Le 14 juillet et la prise de la Bastille trouvèrent un écho en province ; à Dijon « Le mercredi 15 juillet, sur les deux heures après midy, le tocsin ayant sonné sur Saint-Philibert, toute la bourgeoisie s'assembla et on peut mettre à cette époque le commencement des troubles de Dijon qui peuvent durer longtemps. Dès le soir on prit les armes ; M. de Gouvernet fut insulté par la canaille et les bons bourgeois eurent bien de la peine à le sauver de la fureur de quelques mutins ; on le ramena chez luy et on luy donna une garde bourgeoise de trente hommes et il est comme prisonnier dans son hôtel. »

La petite ville d'Auxonne devait malheureusement suivre cet exemple : le dimanche 19 juillet, un factieux, Biautte, sonna le tocsin et se porta avec la populace aux bureaux des préposés aux octrois dont on brisa les barrières ; le lendemain, un sieur Prudhomme prit la direction du mouvement et fit piller la maison du receveur des gabelles[2] ; le 21, le désordre recommença et quelques familles furent rançonnées ; mais cette fois l'artillerie prêta main-forte aux compagnies des gardes civiques et sauva l'hôpital qui était menacé : grâce à cette intervention, le calme revint peu à peu et le 24

1. Masson, I, 216 ; Iung, I, 194 ; d'après Coston, I, 130, le détachement était commandé par de Ménoir.
2. De Coston, I, 135 ; Iung, I, 203 ; Masson, I, 224.

juillet la sécurité publique n'était plus menacée : treize séditieux étaient dirigés sur Dijon avec quatre individus qui s'en étaient pris au château de Flammerans[1] : il ne s'agissait plus que de rétablir les octrois ; à la suite d'une assemblée des notables de la ville, réunie le 26 et qui s'était montrée favorable à cette mesure, le corps municipal s'entendit avec le baron du Teil au sujet des dispositions à prendre pour assurer la perception des droits[2].

Le 28 juillet, le commandant, à la tête la municipalité, accompagné de MM. le chevalier de La Lance, colonel du régiment de La Fère artillerie; de Sappel, lieutenant-colonel, et de Quintin, major, ayant à sa suite un détachement du corps royal d'artillerie et un autre de la milice bourgeoise, se rendit à onze heures du matin devant le bureau des traites foraines, et là « Monsieur le Commandant a proclamé à haute et intelligible voix : De par le roi et les représentants de la nation, il vous est ordonné (parlant aux receveurs, commis et employés des fermes) de reprendre vos fonctions accoutumées et de percevoir les droits ordinaires comme ci-devant et ce, sous la protection du commandant de cette ville, des officiers municipaux et des habitants ». La même proclamation fut faite devant les domiciles du receveur, de l'adjudicataire et des commis des octrois et aux portes du Comté et de France[3].

1. Archives de la Côte-d'Or, C. 728.
2. Registre aux délibérations, 1785-1791, fol. 101.
3. Registre 1785-1791, fol. 102.

A la fin de juillet, on organisa à Auxonne un régiment de milice nationale dont le service devait être dirigé, « de concert avec M. le baron du Teil, commandant en cette ville ». Mais les troubles n'étaient pas terminés : l'esprit révolutionnaire s'était glissé dans le régiment de La Fère ; le 16 août, les canonniers, en revenant du polygone, se présentèrent devant la maison du colonel pour réclamer la masse noire du corps ; cinquante hommes d'un détachement commandé pour résister à cette sédition restèrent l'arme au bras pendant que leur capitaine [1], le chevalier de Boubers [2], qui avait voulu payer de sa personne et arrêter un perturbateur, était poursuivi par la populace et ne parvenait à s'échapper que grâce à un déguisement. En présence de cette attitude, le chevalier de La Lance crut devoir céder.

A quelques jours de là eut lieu la prestation de serment du régiment de La Fère ; le procès-verbal en est conservé aux archives d'Auxonne :

« Ce jourd'hui 23 août 1789, nous officiers municipaux de la ville d'Auxonne, en conséquence de la lettre qui nous a été adressée le 20 du présent mois par Mgr le marquis de la Tour du Pin de Gouvernet, commandant en chef dans la province de Bourgogne,

---

1. Il avait avec lui trois officiers, notamment MM. de Roqueferre, lieutenant en premier, depuis chef de bataillon en retraite à Carcassonne, et Bouvier de Cachard, lieutenant en second, depuis maréchal de camp en retraite à Saint-Peray (Ardèche) ; le dernier était sans doute un lieutenant en troisième. Coston, I, 137.

2. Depuis maréchal de camp.

et à la réquisition de M. le baron du Teil, maréchal de camp, commandant en chef de l'artillerie et pour le roy en cette ville, nous nous sommes transportés sur la place des casernes pour y entendre la lecture d'une ordonnance du roy du 14 dudit mois d'août, conforme aux décrets des États Généraux, où étant, nous avons trouvé sur ladite place le régiment de La Fère commandé par le chevalier de Lance, maréchal de camp, colonel, MM. de Sappel, lieutenant-colonel, de Quintin, major, et vicomte d'Aux, chef de brigade, les autres officiers supérieurs étant en détachement avec une partie du régiment, et la compagnie d'ouvriers de Puyveran dudit corps royal d'artillerie, mondit sieur Baron du Teil, M. Pillon d'Arquebouville, maréchal de camp, directeur d'artillerie dans la Bourgogne et le Lyonnais, et M. Naudin, commissaire des guerres. La troupe ayant pris les armes sous les drapeaux et dans la plus grande tenue, il a été battu un premier ban après lequel ledit commissaire des guerres a lu à haute voix l'ordonnance du 14 dudit mois d'août concernant la main forte à donner par les troupes et le serment à prêter par elles jusqu'à l'article IV inclusivement. Alors mondit sieur Baron du Teil a continué lui-même la proclamation des articles V et VI de ladite ordonnance décrétée par l'assemblée nationale, après laquelle proclamation, tous les soldats en levant la main ont prêté le serment requis; après quoi il a été battu un second ban, et tous les officiers s'étant rangés sous les drapeaux ont prêté ensemble le serment renfermé dans l'article V de ladite ordonnance.

« Article V.

« Le serment des officiers sera : Nous jurons de rester fidèles à la nation, au roy et à la loy, et de ne jamais employer ceux qui seront à nos ordres contre les citoyens si nous n'en sommes requis par les officiers civils ou officiers municipaux.

« Article VI.

« Le serment des soldats sera : Nous jurons de ne jamais abandonner nos drapeaux et d'être fidèles à la nation, au roy et à la loy, et de nous conformer aux règles de la discipline militaire [1] »

Vers la fin de cette année, qui avait été désastreuse pour Auxonne comme pour la France, le maire, M. Petit, donna sa démission le 10 décembre; il fut remplacé, le 28 janvier, par M. de Suremain qui, nommé administrateur du district, eut pour successeur, le 14 juin, M. Claude Bertrand.

En septembre 1789, le baron du Teil et Bonaparte quittèrent Auxonne, le premier pour trois semaines, le second avec un semestre qu'il trouva moyen de prolonger jusqu'en février 1791.

S'il est exact, comme le veut la tradition, que le commandant d'École ait pris, pendant les troubles, le futur empereur comme aide-de-camp, il est vraisemblable qu'ils partirent ensemble et firent route commune jusqu'à Lyon; peut-être même, Bonaparte fit-il

---

1. Registre aux délibérations, 1785-91, fol. 105 v° et 106.

un crochet pour passer par Pommier [1]; de là il aurait gagné Valence, où l'on croit avoir trouvé des traces de son passage.

En effet, le 21 août, le ministre de la guerre avait répondu favorablement à la demande de semestre formulée par Bonaparte et apostillée par l'inspecteur général de La Mortière qui venait de faire sa tournée à Auxonne et avait été on ne peut plus satisfait de l'instruction du régiment de La Fère : cette requête avait été présentée en ces termes : « J'ai l'honneur de prévenir M. le Comte de La Tour du Pin que M. de Buonaparte, lieutenant en second au régiment de la Fère-Artillerie, est dans le cas de profiter cette année d'un semestre d'hiver, et, comme cet officier est originaire de la Corse et qu'il doit se rendre dans cette île, que d'ailleurs il n'y a qu'une saison favorable pour faire la traversée, je supplie M. le Comte de vouloir bien m'autoriser à lui permettre de partir dans le courant du mois de septembre prochain. »

Le départ du baron du Teil était motivé par les scènes de désordre qui avaient eu Pommier pour théâtre les 27, 28, 29, 30 et 31 juillet; M. Gras, notaire, ne put préserver le château du pillage et de l'incendie que grâce à sa présence d'esprit et à l'appui que lui prêtèrent M. Chenavas, son beau-frère, et le curé de la paroisse; mais, pour calmer les mutins, il s'était trouvé dans la nécessité de délivrer deux barils de poudre et cinquante-six fusils, pris dans la collec-

1. Ceci expliquerait la facilité avec laquelle il sut se rendre à Pommier en 1791 afin d'obtenir de son inspecteur l'autorisation de partir en semestre pour la Corse avant l'équinoxe.

tion d'armes qui avait été réunie à Pommier [1] : les paysans des environs étaient venus là s'armer et s'approvisionner afin de résister à une armée imaginaire de mille Savoyards, qui devait, suivant eux, mettre incessamment le siége devant la Côte Saint-André, sous les ordres du comte d'Artois. Informé de ce qui venait de se passer chez lui, du Teil avait immédiatement écrit au ministre pour lui demander l'autorisation de se rendre en Dauphiné : « J'ai reçu, Monsieur, lui répondit La Tour-du-Pin, le 21 août, la lettre que vous m'avez fait l'honneur de m'écrire le 14

---

1. Du Teil fut très-affligé de la perte d'une partie de cette collection ; il en prévint le comte Louis-Philippe de Durfort, lieutenant général et commandant en second en Dauphiné, et reçut la réponse suivante :

« Grenoble, le 3 novembre 1789.

« Rien n'est plus affligeant, Monsieur, que les détails dont vous m'avez honoré le 29 du mois dernier, sur les vols qui ont été faits chez vous pendant que vous défendiez le reste de la province. — La collection des armes précieuses dont vous êtes privé mérite bien justement vos regrets. Votre idée pour parvenir à désarmer le peuple, par sa propre volonté et par le remords, pourra avoir du succès un jour, s'il plaît à l'Assemblée nationale de l'employer. Mais je crois qu'actuellement il reussiroit mal. Autant j'aurois de zèle à concourir à des vues si utiles pour le bien public et qui auroient des avantages particuliers pour vous, autant je m'afflige de voir la chose impossible. Si cependant j'apprens (et je m'en informerai) qu'il paroisse en Dauphiné quelques armes précieuses, je croirai qu'elles vous apartiennent, et je mettrai tout mon zèle à vous les procurer.

« J'ai l'honneur d'être, Monsieur, votre très humble et très obéissant serviteur.

Durfort.

A Mr le Bon du Teil. » — Papiers de famille.

de ce mois; d'après le compte que j'ai rendu au Roy
de la circonstance fâcheuse qui exige votre présence
chez vous, Sa Majesté veut bien vous permettre de
vous y rendre et de faire, en conséquence, l'absence
d'environ trois semaines que vous estimez vous être
nécessaire. »

Il n'est pas sans intérêt de dire ici un mot des idées
politiques du baron du Teil ; il semble n'avoir pas cru
à la Révolution et avoir espéré que cette crise pas-
sagère disparaîtrait d'elle-même ; le temps et des
ménagements devaient, d'après lui, avoir raison de ces
mouvements ; il voulait, dès 1789, prendre le peuple
par les sentiments, et cette manière de voir ne s'était
pas modifiée en 1790, si l'on en juge par la lettre suivante, empreinte d'une calme dignité, qu'il écrivit au
maire de Pommier :

« Paris, le 24 mai 1790.

« J'ai appris dans son temps, Monsieur, par mes
enfans, l'acte d'ingratitude qu'ont exercé envers moi
les habitants de Pommier, en enlevant mes bancs de
l'Église ; ils auraient dû tout au moins en prévenir, et
surement je les eusse fait oter de bonne volonté.
J'apprends de même que l'on en a remplacé un ; mais
je mande à mes enfants de l'enlever, je n'en veux point.

« Cette privation ne change rien à mes sentiments
pour les habitants de Pommier, et ne m'empêchera
pas de leur être utile en tout ce qui dépendra de moi
dans toute occasion ; je veux même leur en donner
des preuves dans ce moment, où je viens d'être informé
par mes enfants que la Municipalité lève une Compa-

gnie Nationale. J'applaudis à cette résolution, et la seule objection que je crois devoir y faire, c'est d'observer qu'il serait sage de ne composer cette Compagnie que de l'élite des Citoyens propriétaires. J'y demande une place de fusilier pour mon fils Alexandre[1] qui surement y fera son devoir.

« Je donne ordre en conséquence par ce courier, qu'on vous délivre tous mes fusils qui pourront être propres à armer partie de la compagnie. Quant aux armes qui ne sont point de service et qui ne sont que des antiques curieux, je vous prie de vouloir bien en être le défenseur en empêchant qu'on en prenne.

« Vous aurez sûrement la bonté, Monsieur, de passer un chargé du nombre et de la qualité des armes qui vous seront remises ; je ferai ensuite ce qui dépendra de moi pour tacher de vous en procurer des magasins du Roi pour armer la totalité de la compagnie, dont le nombre, je crois, n'est pas aussi nécessaire que le choix.

« Je dois encore vous prévenir, Monsieur, que, flatté de pouvoir seconder vos desseins et par là vous prouver que je ne méritois pas ce que l'on m'a fait, je porterai incessamment un drapeau pour votre troupe et donnerai une caisse.

« Voilà, Monsieur, quelles sont mes dispositions envers la communauté ; je vous prie instamment,

---

1. Né en 1775 ; lieutenant en second à la suite du régiment de La Fère, 1788-1792 ; servit à l'armée des princes et à l'armée de Condé, 1792-1795 ; colonel, chef d'Etat-major des gardes nationales de Saône-et-Loire 1816 ; chevalier de Saint-Louis 1821, de la Légion d'honneur 1826 ; décédé 1854.

Monsieur, de les faire connaître en voulant bien lire ma lettre à l'issû de la messe paroissiale; j'y suis d'autant plus intéressé qu'en lui manifestant mes intentions, elle sera à même de juger de la pureté de mes sentiments pour elle et pour le bien général de la nation [1]! »

Le 14 juillet 1790 eut lieu une nouvelle prestation de serment exigée des gardes nationales et troupes de ligne [2] : M. du Teil, « maréchal des camps et armées du roy, commandant pour sa majesté en cette place, a fait faire un cercle par MM. les officiers » et, en la présence des officiers municipaux, « des notables et autres citoyens de ladite ville, ce commandant a prononcé le serment fédératif, et à la fin d'icelui chaque officier a répété ces mots : Je le jure [3]. » C'est à la suite de cette cérémonie que des cocardes aux trois couleurs furent distribuées à tous les gardes nationaux.

Quelques jours plus tard, du Teil se rendait à Pommier où il fit, en août, une chute sur les reins assez grave pour qu'il demandât l'autorisation de prolonger son séjour chez lui jusqu'au mois d'octobre 1790 d'abord, puis jusqu'en mai 1791 ensuite. Pendant cette absence, pour un motif dont la trace n'a pu être retrouvée, l'on arrêtait à Auxonne, le 7 septembre, le secrétaire du commandant en vertu d'un mandat d'amener enregistré dans cette ville et portant que :

« Le Comité des recherches de l'assemblée nationale requiert la municipalité d'Aussone de faire arrêter

1. Papiers de famille.
2. Décret du 28 février.
3. Registre aux délibérations, 1785-91, p. 156 v°.

avec le plus grand secret et toutes les précautions que sa sagesse pourra lui suggérer le Sr Pinot, secrétaire de M. du Teil, maréchal de camp, commandant à Aussonne, et de le remettre avec les mêmes précautions aux porteurs de la présente réquisition. Paris, le 2 septembre 1790. »

Charles Cochon,
Secrétaire.

Félix de Pardieu,
Président.

Charles Voidel,
Vice-Président.

Dans la réorganisation du corps en date du 1er avril 1791, du Teil fut compris comme inspecteur général ; le 10 juin, il était à Paris, mandé sans doute pour y recevoir des instructions ; dans l'intervalle, il avait dû certainement passer par Auxonne.

Pendant ce temps Bonaparte prolongeait son séjour en Corse : son semestre devait expirer en avril 1790 ; mais, suivant la marche qui lui avait déjà réussi en 1787, il s'adressa, le 16 avril, à son colonel pour le prier de demander pour lui un congé de quatre mois et demi, afin de lui permettre de faire une seconde saison aux eaux d'Orezza[1] ; le chevalier de La Lance voulut bien transmettre cette requête en l'appuyant et, le 29 mai, un congé de quatre mois et demi avec appointements, à dater du 15 juin, était accordé au lieutenant en second ; après avoir songé un instant à quitter l'île, au commencement de la seconde quin-

1. Masson, II, 104.

zaine de novembre, pour rejoindre son régiment à
l'expiration de ce délai, Napoléon ajourna son retour,
grisé sans doute par les succès qu'il remportait
dans son pays [1]. Ce ne fut donc que vers la fin de la
première quinzaine de février qu'il arriva à Auxonne,
accompagné de son frère Louis : les attestations qu'il
produisit, la physionomie intéressante de cet enfant
dont il allait entreprendre l'éducation servirent
Bonaparte auprès de son colonel qui, ayant égard aux
charges qui allaient peser lourdement sur son jeune
subordonné, eut même la bonté de solliciter pour lui,
le 10 mars, le rappel de ses appointements pour trois
mois et demi, en antidatant de quelques jours son
retour au régiment : c'était une somme de deux cent
trente-trois livres dont le ministre consentit à grati-
fier le futur empereur [2]. Aussi, quand Bonaparte apprit
que la réorganisation du corps de l'artillerie le ferait
changer de corps, écrivit-il, le 3 juin, à M. Le
Sancquer, premier commis aux bureaux de la guerre,
pour lui demander son maintien dans le régiment de La
Fère. Cette supplique arriva trop tard, sa nomination
de lieutenant en premier au 4ᵉ régiment (Grenoble)
était signée, mais il dut se consoler en quittant
Auxonne [3], car il se rendait en garnison à Valence dont

1. Comme le prouvent deux certificats de civisme délivrés
le 16 novembre 1790 par les administrateurs composant le
directoire du district d'Ajaccio et par les maire et officiers
municipaux de cette ville. Masson, II, pp. 123, 124.

2. Masson, II, 197 ; Jung, II, 72.

3. Il s'était remis au travail en arrivant à Auxonne et,
pendant ce séjour, il prit des notes sur l'histoire de la Sor-

il avait conservé le meilleur souvenir, et un heureux
hasard lui donnait pour inspecteur le baron du Teil,
son ancien commandant d'école, qui était placé à la
tête du département de Grenoble.

Quant au régiment de La Fère, devenu le 1er, qui
demeura à Auxonne, il commençait à se laisser péné-
trer par les idées nouvelles : le 1er janvier 1791, un
de ses canonniers, Girard, « de la compagnie
d'Issautier, fait hommage à la municipalité de la ville
d'une pièce mécanique dont le sujet est la liberté
florissante contrastant avec l'esclavage anéanti. On
lui vote sur le champ des remercîments sur un
ouvrage qui fait tout à la fois l'éloge de son génie, de
son patriotisme et de ses talens et on délibère que
cette pièce sera conservée prétieusement à l'hotel
commun. »

En mai 1790, les bas officiers et soldats avaient
adressé une lettre aux officiers et soldats de la garde
nationale de la ville pour les prier d'être leurs inter-
prètes à la confédération des gardes nationales des
quatre départements de la province de Bourgogne
qui eut lieu à Dijon le 18 mai; cette pièce se termi-

bonne, par l'abbé Duvernet (28 mars-14 avril); le voyage en
Suisse de William Coxe (20 avril); les mémoires secrets sur
Louis XIV et Louis XV de Duclos (11 mai); l'esprit de Gerson,
par Le Noble (12 mai); l'histoire critique de la noblesse par
Dulaure (19 mai); enfin l'essai sur l'histoire générale et sur les
mœurs de Voltaire (22 mai); il poursuivit ses études en arrivant à Valence : dès le 24 juin il tire des extraits de l'histoire
de Florence de Machiavel, traduite par Barrett. Il y a lieu de
penser que Bonaparte trouvait dans la bibliothèque de l'École
certains ouvrages historiques. — Masson, II, 218-274.

nait par une phrase menaçante : « Nous vous jurons d'exposer mille fois notre vie pour écraser et anéantir cette foule d'aristocrates que l'enfer n'a pu vomir qu'à de longs intervalles! [1] »

1. Procès-verbal de la confédération qui donne cette lettre in-extenso.

Jean, Chevalier du TEIL

LIEUTENANT GÉNÉRAL

(1738-1820)

LA RÉVOLUTION

LE SIÈGE DE TOULON

L'ARTILLERIE DU SIXIÈME DÉPARTEMENT MILITAIRE

(1791)

Un décret de l'Assemblée nationale, en date du 2 décembre 1790, avait fixé la composition des troupes du corps de l'artillerie à sept régiments de canonniers, six compagnies de mineurs et dix compagnies d'ouvriers. Le 1ᵉʳ janvier 1791 les régiments d'artillerie cessèrent de porter le nom des écoles et de rouler entre eux suivant l'ancienneté de leur colonel [1].

Le 1ᵉʳ avril 1791, le baron du Teil était nommé inspecteur général d'artillerie du sixième département, qui comprenait la place et direction de Grenoble, l'école de Valence et la manufacture d'armes de Saint-Étienne [2]. Les premières inspections générales régulières dataient du 13 août 1765 : « En parcourant les rapports et livrets des inspecteurs généraux de ce temps, on est surpris de reconnaître combien nos pré-

1. Général Susane, pp. 224 et suivantes.
2. États des services de Jean-Pierre du Teil de Beaumont.

décesseurs nous ont laissé peu à faire. Marche des opérations de l'inspecteur général, livrets, états, comptes-rendus, tout avait été réglé d'emblée. L'examen des officiers au point de vue de l'instruction et de la conduite était beaucoup plus sévère qu'il ne l'est aujourd'hui. L'inspection avait lieu aux mois d'août et de septembre ; immédiatement après sa clôture, des semestres étaient accordés dans une large proportion, et les régiments, réduits par le départ des semestriers, changeaient de garnison, s'il y avait lieu [1]. »

Le rapport de M. de la Mortière sur l'école d'Auxonne, en 1789, a pu donner une idée de l'inspection de ces établissements d'artillerie à cette époque ; mais les opérations de l'inspecteur général ne se bornaient pas là, comme on en jugera d'après le mémoire suivant, conservé aux Archives historiques du ministère de la guerre [2] :

Mémoire pour la disposition du travail
d'un inspecteur du Corps Royal de l'artillerie.

Il est nécessaire qu'un directeur en chef de l'artillerie remette à l'inspecteur, au moment de son arrivée dans la direction, des mémoires et des états sur les articles cy-après :

1. Général Susane, Histoire de l'artillerie, p. 190.
2. Carton « Artillerie, xviiie siècle ».

Sur les choses qui auront été exécutées pendant l'année ;

L'inspecteur doit, avec ces états examiner dans sa tournée si ces approvisionnements, radoubs et réparations ont été bien et solidement exécutées et dans le cas qu'il y ait quelque chose à dire il doit sans complaisance relever les fautes, donner ses ordres et en faire mention dans son travail pour la Cour, comme aussi si tout est bien et conforme exactement aux états de dépenses il doit de même lui en rendre compte.

Les états d'approvisionnements dans les places ; les états des radoubs qui auront été exécutés ; les états des toizés des constructions et réparations de bâtiments.

Sur les choses à faire ;

S'il y a à dire sur ce mémoire et sur l'état d'approvisionnements, l'inspecteur l'observera dans sa tournée et il pourra corriger ce qu'il y aura de deffectueux ; au surplus ce mémoire lui servira sur ce qu'il y a à dire sur chaque place.

Un mémoire sur la force de la défense des places ; le tems qu'elles peuvent tenir contre un siége et la garnison qu'elles peuvent contenir.

Un état de l'approvisionnement qu'il serait nécessaire de faire dans ces places, en augmentation de ce qu'il y a, en cas de siége.

L'inspecteur jugera de la nécessité de ces approvisionnements pour le service actuel ; il doit en conséquence donner ses ordres au directeur et en faire mention dans son travail pour le ministre.

Un état des effets à remettre dans les places pour le service actuel en distinguant ceux de ces effets qu'il seroit nécessaire de faire construire et les places où on pourroit prendre le surplus.

Les inventaires des gardes ;

L'inspecteur doit examiner ces changements proposés et donner ses ordres aux gardes sur ceux qu'il approuvera devoir être faits.

L'inspecteur doit prendre connaissance des radoubs surtout de ceux qui sont nécessaires et pressants et il doit en rendre compte à la Cour pour qu'elle puisse donner ses ordres au directeur sur l'exécution.

Un mémoire sur les changements à faire sur ces inventaires (soit sur la quantité d'effets ou sur la qualité.)

Un état assez détaillé pour connoître en quoi consistent les radoubs à faire aux effets à réparer de la seconde colonne des inventaires.

Sur les logements et bâtiments ;

Il verra dans sa tournée si cet état est exact.

Un état des logements et magasins, leurs proportions, leur état actuel et les munitions qu'ils peuvent contenir.

L'inspecteur doit exa-
miner si ces projets sont
exactement conformes aux
réparations et dans le cas
qu'il y ait à dire il doit
donner des ordres pour
augmenter ou diminuer
et en faire mention dans
son travail attendu que
la Cour doit partir de là
pour ses ordres à ce sujet.

Les projets détaillés des
constructions et répara-
tions pressantes à faire à
ceux de ces magasins qui
se trouveront en avoir
besoin et un état des ré-
parations qui pourront
être différées à une autre
année.

Lorsque le maréchal de camp du Teil vint prendre
possession de son nouveau poste, on s'inquiétait déjà
à Grenoble des mouvements de troupes faits dans le
duché de Savoie et l'on s'occupait de la défense du
fort Barraux ; les administrateurs composant le Directoire de l'Isère demandèrent qu'on y mît un bataillon
sans affaiblir la garnison du chef-lieu. M. du Chilleau [1],
commandant les troupes de ligne du département, y
fit partir, le 13 mai, cent Chasseurs Royaux Corses,
pour donner satisfaction aux habitants de Barraux et
des environs qui lui avaient envoyé une députation ;
plus tard, le 27 juin, le maréchal de Luckner, qui
commandait en chef les septième et huitième divisions
militaires, faisait renforcer les garnisons des villes
frontières des Hautes-Alpes.

Toute la région voisine du Comtat Venaissin était
profondément troublée et, dès le 19 mai, un détache
ment d'artillerie, avec pièces de campagne, marchait

1. Marie-Charles, marquis du Chilleau, maréchal de camp
1781.

de Valence sur les frontières de Vaucluse [1]. Le quatrième régiment d'artillerie, anciennement Grenoble, en garnison à Valence, était commandé par le colonel de Lard de Campagnol [2]; neuf compagnies de ce corps étaient détachées au mois de juillet : trois en Corse, trois dans le Comtat, deux à Grenoble, une au fort Barraux, aussi Luckner refusa-t-il, le 5 juillet, de satisfaire à une réquisition du directoire des Pyrénées-Orientales, qui demandait une brigade d'artillerie : les troupes réclamées furent fournies par le premier régiment, en garnison à Auxonne, qui reçut l'ordre de faire passer, le 27 juillet, une compagnie à Perpignan [3].

L'esprit public était d'ailleurs déplorable à Valence depuis le commencement de la Révolution : le 10 mai 1790, le vicomte de Voisins [4], maréchal de camp, commandant de l'école d'artillerie, y avait été massacré par la populace. Le régiment de Grenoble, qui était en garnison dans cette ville depuis octobre 1786, n'avait pas échappé à la funeste influence d'un semblable milieu ; il était devenu « assez mauvais, disait dans ses notes le maréchal de camp inspecteur du Teil, les soldats y ont contracté un air de scélératesse [5]. » Il est curieux de rapprocher cette opinion

1. Archives historiques du ministère de la guerre, correspondance générale, 1791.
2. Isaac-Jacques de Lard de Campagnol, services de 1746, colonel le 1er avril 1791, général de brigade 1794.
3. Archives de la guerre et général Susane, pp. 311 et suivantes.
4. Jacques Rose, vicomte de Voisins, servait depuis 1739, maréchal de camp 1788.
5. Iung, t. II, p. 96 ; général Susane, p. 312.

de celle qu'exprimait, au sujet du même corps de
troupes, Napoléon Bonaparte dans une lettre écrite de
Serve, le 8 février 1791, à son oncle l'abbé Fesch :
« J'ai vu à Valence, y disait-il, un peuple résolu, des
soldats patriotes et des officiers aristocrates [1]... »
Quelques jours plus tard, le 1er avril 1791, le futur
empereur était précisément nommé lieutenant en premier dans ce régiment devenu le quatrième : ce corps
comptait alors dans ses rangs une pléiade de jeunes
officiers que l'émigration et plus tard le souvenir de
Napoléon devaient porter aux premiers rangs de l'artillerie [2].

En dehors du lieutenant-colonel Dujard que l'on
retrouvera à Nice en 1793 et du lieutenant-colonel
Lagrange, qui commandera l'artillerie au siége de
Lyon, il convient de citer les capitaines commandants
Blanc-Molines, qui se distinguera dans la campagne
de Savoie en 1793 ; Gouvion [3], que l'on a déjà remarqué à Auxonne ; Belgrand-Vaubois, général de division
en 1796 ; François-Claude-Joachim de Faultrier, directeur des parcs des armées d'Italie et d'Égypte, général
de brigade en 1799 ; Villantroys, futur directeur général des forges ; Bonnay de Sugny, plus tard premier
inspecteur général de l'artillerie de marine ; Nicolas-
Marie de Songis d'Escourbons, mort en 1810 premier
inspecteur général de l'artillerie ; Ducos de La Hitte

1. Masson, II, 195 et 6 ; Iung, II, 66.
2. Général Susane, p. 312.
3. « Mes compliments à Gouvion, Berthon et Vaubois », écrira
Napoléon, de Corte, en février 1792, à Sucy, commissaire des
guerres à Valence ; Masson, II, 339 ; Coston, I, 198.

et Ducos de Revignan qui illustrèrent encore un nom déjà célèbre dans le corps ; Pernetty et Taviel, promus tous deux généraux de division, le premier en 1807, le second en 1811 ; Borthon, général de brigade dès 1794, enfin les lieutenants en premier Charles-Nicolas d'Anthouard, général de division en 1810, devenu président du comité de l'artillerie, et de Hédouville, camarade de promotion de Bonaparte, plus tard chargé d'affaires à Francfort-sur-le-Main.

Tandis que le baron du Teil allait prendre possession de son commandement vers le milieu de juin [1], Bonaparte rejoignait son nouveau régiment et, tout en se remettant courageusement au travail [2], ne manquait pas de se faire remarquer par ses idées politiques : « Ce régiment-ci, écrivait-il, dès le 27 juillet, à Naudin, son ancien commissaire des guerres, est très-sûr : les soldats, sergents et la moitié des officiers [3]. » On voit encore une fois combien les appréciations du lieutenant en premier différaient des notes de l'inspecteur général ; cette divergence dans leur manière de voir, qui devait s'accentuer chaque jour, rend plus singulière l'influence que Napoléon avait su conserver sur son ancien commandant et qui ne peut évidemment s'expliquer que par les pressentiments

---

1. C'est le 10 seulement qu'il eut connaissance de sa nomination : du moins une lettre de remerciements écrite par lui à Paris, en cette occasion, porte cette date.

2. Dès le 24 juin il prend à Valence des notes d'après l'Histoire de Florence par Machiavel, traduite par Barrett ; Masson, II, 233.

3. Masson, II, 209 ; Iung, II, 88 et 89.

du génie militaire de Bonaparte conçus depuis longtemps par le baron du Teil [1].

Le nouvel inspecteur général avait eu la bonne
chance de pouvoir attacher à sa personne, comme aides-
de-camp, deux de ses fils qui servaient dans l'artillerie, Claude [2], qui avait sa commission de capitaine
depuis le 21 janvier 1787, et Césaire, promu lieutenant
en second au régiment de La Fère, le 26 septembre
1789 ; Michel, son second fils, comptait comme capitaine en second dans Saintonge depuis le 11 mai 1789 ;
Augustin, le troisième, était mort à Bayeux, le
18 février 1789, lieutenant en second au régiment de
Lorraine ; enfin Alexandre, le cinquième, était lieutenant à la suite du corps royal d'artillerie. Dans les
moments de loisir que lui laissaient ses tournées
d'inspection, le maréchal de camp pouvait aller se
reposer au milieu de ses enfants dans sa terre de
Pommier [3] où s'était fixée sa belle-fille, née de Berbis,

1. « En 1788 il y distingua (à Auxonne) Napoléon, alors
lieutenant d'artillerie, *et pressentit ses talents militaires.* »

2. Il venait, en attendant une place vacante dans ce grade
au régiment de La Fère, de prendre dans ce corps le premier
rang de lieutenant en premier.

3. Par des acquisitions successives cette terre était devenue
relativement considérable et rapportait plus de douze mille
livres ; elle comprenait de nombreux prés et cent vingt-deux
fosserées de vignes, les domaines des Arcquettes, de La
Sicardière, de La Biessera, l'étang Gaston, l'étang et les serves
de Grandbois, l'étang du Fay, de moitié avec le marquis
d'Ornacieux ; tous ces biens, situés à Pommier et à Faramans,
provenaient de nobles François et Claude de Chambaran ;
quelques parcelles avaient été acquises sur noble Claude de
Chapuis ; plus récemment les du Teil avaient acheté des
Fassion l'importante terre de Chars en la commune de Pisieux.

qui lui avait déjà donné trois petits-fils [1] ; elle avait retrouvé là ses deux belles-sœurs, Eulalie et Clotilde du Teil, qui, élevées comme elle dans la maison des Ursulines de Dijon [2], s'occupaient elles-mêmes de l'éducation de leur plus jeune sœur, Alexandrine : « Je suis bien content, ma chère petite, de ton écriture, lui écrivait son père, tes lettres sont nettes, bien liées... il faut bien caresser tes sœurs pour qu'elles t'apprennent bien tes leçons... »

Tout contribuait à faire de Pommier un séjour

[1]. L'aîné, Pierre-Parfait, né 1786, mourut jeune ; Joseph-Henri-Louis, le second, né en 1788, fut tué à Leipsick en 1813, étant lieutenant de dragons et chevalier de la Légion d'honneur ; Hugues, baron du Teil, le troisième, naquit en 1790 et se maria à Valence, le 24 décembre 1823, à Antoinette-Charlotte-Eugénie Desjaques de Renneville, fille d'un ancien capitaine du régiment d'Aquitaine, infanterie, chevalier de Saint-Louis : de ce mariage sont venus Jules-Henri, ancien capitaine de cavalerie, chevalier de la Légion d'honneur, en qui s'éteignit la descendance masculine de la branche aînée, Anne et Marie du Teil.

[2]. Le baron du Teil s'occupait beaucoup de l'éducation de ses filles comme l'indique la lettre que voici, écrite par la supérieure du couvent Saint-François : « Je me bornerez au plan que vous m'avez tracé en cultivant les talens que vous désirez d'elles ; j'ai conçu un préjugé favorable d'elles et suis assurée de trouver en elles tous les ressorts nécessaires pour seconder mon zèle ; je les attends avec autant d'empressement que j'aurai de satisfaction à les recevoir. Mesdemoiselles des Mailly se font un plaisir de penser qu'elles touchent au moment de les posséder et de former avec elles les liens de l'amitié. » — La fille aînée de du Teil, Jeanne, née en 1762, mourut prématurément, ce qui empêcha de donner suite à un projet de présentation à Saint-Cyr formé en 1769 : les documents réunis dans ce but et portant le cachet du cabinet de d'Hozier sont conservés dans les archives de la famille.

agréable et, si l'avenir n'avait pas été aussi sombre, le général du Teil se serait trouvé à cette époque parfaitement heureux : la collection d'armes qu'il avait réunie dans son château, bien appauvrie par le pillage de 1789 et la générosité de son propriétaire en 1790, renfermait encore des pièces intéressantes, et la bibliothèque militaire [1] qu'il avait rassemblée pendant sa longue carrière permettait au vieux soldat de compléter l'éducation spéciale de ses fils lorsqu'ils séjournaient auprès de lui.

Dans la seconde quinzaine d'août, Bonaparte, devant jouir d'un semestre d'hiver, demanda à son colonel l'autorisation de partir avant l'équinoxe, attendu qu'il devait passer en Corse [2], et essuya un refus. Pour obtenir cette faveur il se rendit alors à Pommier, chez son inspecteur qu'il surprit un soir à dix heures. Il resta quatre jours au château, travaillant constamment avec le général, causant avec lui d'art militaire ou étudiant des cartes disposées sur de grandes tables [3]. Est-ce à cette époque qu'il soumit à son chef le plan d'une vaste route qui devait conduire de France en Italie en traversant la plaine de la Valloire,

1. Il la léguait à son fils Césaire, suivant son dernier testament reçu à Lyon par Durand, notaire, le 27 mai 1789.

2. Mémoire du comité de l'artillerie du 21 juin 1792, en faveur de Bonaparte; Masson, II, 399.

3. Ces détails sont tirés d'une lettre écrite à Metz, le 17 novembre 1863, par M. Albert Lanty, depuis général de division et gouverneur de Toul, à la suite d'une longue conversation qu'il avait eue à ce sujet avec Mme de Patris, née Alexandrine du Teil : le général Lanty est par sa mère, Eulalie du Teil, petit-neveu de Mme de Patris.

dominée par la colline de Pommier [1]? En tout cas les bruits de guerre qui couraient en France et la concentration des forces militaires de la Savoie donnaient alors à ce tracé un intérêt tout particulier. Quels qu'aient été les moyens employés par Bonaparte pour séduire le baron du Teil, il obtint assurément gain de cause et quitta Pommier emportant l'autorisation de partir dès le commencement de septembre [2] : « C'est un homme de grands moyens, disait l'inspecteur général en le voyant s'éloigner, il fera parler de lui ... [3] »

Mais à peine Bonaparte avait-il quitté Valence avec cette permission verbale que le ministre du Portail [4] adressait, en date du 8 septembre, à tous les commandants de corps, une circulaire pour leur prescrire de suspendre le tirage des semestres et leur enjoindre de compléter le plus promptement possible, sur le pied de guerre, les troupes à leurs ordres [5]. Aussi, lorsqu'il arriva en Corse, Napoléon n'avait-il aucun titre régulier de permission : prévenu de sa situation,

1. Détails dus à l'obligeance de M. Berthin, de Beaurepaire, (Isère) ; ce plan aurait été retrouvé en 1813 dans le château par M. Joseph Monnet et confié en 1840 à un employé des ponts et chaussées dont on n'a pu retrouver la trace.

2. Mémoire du comité de l'artillerie. — En effet, Bonaparte, qui avait déjà demandé 90 livres au trésorier du régiment, le 26 août, se fit donner, le 29, pour acquit du 1er octobre, 106 livres 3 sols 2 deniers : c'était sa bourse de voyage.

3. Lettre du général Lanty.

4. Louis le Bègue de Presle du Portail, né en 1743, lieutenant général 1792 ; il avait remplacé à la guerre, le 16 novembre 1790, le comte de la Tour du Pin et resta en fonctions jusqu'au 2 décembre 1791.

5. De Coston, I, 178.

il se disposait à repasser en France [1], lorsque le maréchal de camp de Rossi [2] le retint et écrivit, le 1er novembre, à du Portail pour lui demander l'autorisation de nommer Bonaparte adjudant-major d'un bataillon de volontaires corses de nouvelle formation. Les changements de ministère firent traîner les choses en longueur; le nouveau ministre, M. de Narbonne [3], n'envoya son assentiment que le 14 janvier [4] et c'est seulement le 22 février [5] que Rossi put, en connaissance de cause, avertir le commandant du quatrième régiment des motifs réguliers qui avaient empêché Bonaparte de rejoindre : en France, absent illégalement à la revue de rigueur de décembre 1791, il avait été rayé sur les contrôles du corps de l'artillerie : mais, le 21 juin 1792, il obtenait [6] du Comité un avis favorable à sa réintégration qu'un troisième ministre lui annonçait [7], dès le 10 juillet, en l'invitant à regagner

1. Mémoire du Comité de l'artillerie.

2. Antoine-François de Rossi, maréchal de camp 1788, alors employé dans la 23e division militaire, depuis lieutenant général 1792.

3. Louis, comte de Narbonne-Lara, 1755 † 1814, ministre du 7 décembre 1791 au 9 mars 1792.

4. Lettre de Narbonne à Rossi ; de Coston, II, 173.

5. Certificat du maréchal de camp Rossi en faveur de Bonaparte; Masson, II, 345.

6. A la suite des émeutes d'Ajaccio survenues en avril 1792. Bonaparte était rentré en France pour se justifier, bien que sa nomination au grade de lieutenant-colonel de volontaires, en date du 2 avril, le dispensât de rejoindre son régiment le 1er avril (décret du 18 décembre 1791, loi du 3 février 1792) : dès le 28 mai, il était à Paris.

7. Lettre de Lajard à Bonaparte ; Masson, II, 400. — Pierre-Auguste de Lajard, 1757 † 1837, ministre du 16 juin au 24 juillet 1792.

son régiment [1] : son brevet de capitaine, à compter du 6 février, lui fut délivré le 30 août, par un quatrième ministre, Joseph Servan [2].

Le 30 novembre 1791, le baron du Teil était nommé lieutenant général des armées du roi et il semble avoir conservé, avec ce grade, l'inspection du département de Grenoble jusqu'au moment où il fut désigné pour prendre le commandement en chef de l'équipage d'artillerie de l'armée du Rhin [3].

---

1. Mais la suppression de la maison de Saint-Cyr lui fit solliciter, le 1er septembre, l'autorisation de reconduire en Corse sa sœur qui était élevée dans cet établissement : ce voyage ne semble pas s'être accompli très-rapidement, car Bonaparte paraît avoir séjourné à Marseille peut-être jusqu'en octobre : il touchera de nouveau le sol français à Toulon, le 13 juin 1793, après l'échec de l'expédition de la Magdelaine. Peut-être est-ce à Marseille, en septembre ou octobre 1792, qu'il écrivit la lettre sans date rapportée par M. Masson, I, 280 et 281.

2. Joseph Servan de Gerbay, 1741 † 1808, maréchal de camp 1792, ministre 9 mai-11 juin et 11 août-7 octobre 1792.

3. Nommé à ce poste en avril 1792, le baron du Teil, malade et désireux de renoncer à tout service de guerre, refusa cette situation le 5 juillet ; il fut remplacé, le 25 août, par son frère puîné, le chevalier du Teil (1738 † 1820), promu maréchal de camp, inspecteur d'artillerie. Du Teil cadet commanda donc en chef l'artillerie du Rhin jusqu'au printemps de 1793.

LES ARMÉES D'ITALIE ET DES ALPES

(1793)

Au printemps de 1793, sur la demande du général en chef de Biron, le général de brigade du Teil était désigné pour prendre le commandement de l'artillerie de l'armée d'Italie[1]. Il arriva à Nice le 3 mai ; le lendemain Biron était nommé à l'armée des Côtes et remplacé à l'armée d'Italie par Brunet[2] ; du Teil exprima aussitôt au ministre le désir de suivre le nouveau commandant de l'armée des Côtes ; Dujard[3], chef de brigade, pouvait suffire à la direction de l'ar-

1. Tous les documents cités, sans renvoi spécial, ont été consultés dans les Archives du ministère de la guerre, où ils sont classés à leur date dans la correspondance des armées d'Italie, du siége de Lyon, des Alpes et du siége de Toulon.

2. Gaspard-Jean-Baptiste de Brunet, de Manosque, maréchal de camp 1791, commandant en chef l'armée d'Italie 20 mars 1793, destitué le 8 août et remplacé par Dumerbion, condamné à mort le 6 novembre.

3. Jean-Lambert Marchal Dujard, chef de brigade 8 mars 1793, général de brigade 24 février 1794.

tillerie de l'armée d'Italie sous la surveillance du général de brigade Sénarmont[1] qui sortait du corps. De son côté, pour appuyer cette requête, Biron écrivait à Bouchotte[2], le 4 mai : « le brigadier général du Teil demande à me suivre à l'armée des Côtes, je ne le crois pas indispensable ici et je crois qu'il pourrait être employé très utilement sur les côtes[3]. » Le 23 mai, le ministre répondit à du Teil[4] : « J'aurais bien voulu, général, correspondre au désir que vous témoignez de suivre le général Biron à sa nouvelle destination ; mais, au moment de la réception de votre lettre, le conseil exécutif, de concert avec le Comité de Salut public, avoit déjà arrêté la formation de l'État-major de l'armée destinée à combattre les rebelles, et il ne dépend pas de moi de rien changer à ces dispositions ; l'activité de celle d'Italie vous rendra sans doute cette privation d'autant moins pénible qu'elle tournera au profit de la chose publique par les occasions fréquentes qu'elle vous procurera de faire servir au succès de ses armes, dans la partie intéressante qui vous est confiée, *vos talents et votre expérience.* »

Le général du Teil n'attendit pas la réponse de Bouchotte pour se mettre à l'œuvre ; le 11 mai, il avait

1. Alexandre-François Hureau de Sénarmont, maréchal de camp 18 juillet 1792, général de division 8 mars 1793.

2. Jean-Baptiste-Noël Bouchotte, 1754 † 1840, ancien colonel, ministre de la guerre du 4 avril 1793 au 18 avril 1794.

3. En marge de cette pièce existe cette annotation : « Ne se peut. »

4. Arch. de la guerre, cahier de correspondance du ministre, arrêté le 26 décembre 93, n° 2, registre 5.

déjà parcouru les bords de la Méditerranée, de Nice aux Bouches-du-Rhône[1], et il était en mesure d'envoyer au ministre un rapport sur la défense de la côte : « Puissent les idées succinctes que je présente ici, écrivait-il en terminant, être utiles à ma patrie et convaincre les corps administratifs et le général en chef du désir que j'ai de la servir ! » Cette pièce fut postérieurement communiquée au Comité de Salut public[2]. Parmi les remarques du rapporteur qui dénotent en lui un observateur intelligent et entendu, il n'est pas sans intérêt de relever celle-ci : « L'artillerie m'a paru trop multipliée dans les forts et batteries de la rade de Toulon[3], particulièrement celle de Lamalgue dont on pourrait retrancher un quart, sans nuire à sa défense ; la situation imposante et formidable des fortifications rend cette ville imprenable ». Le général du Teil était loin de se douter alors de la mission qui allait lui être donnée, quelques mois plus tard, à l'armée du siége de Toulon. Le rapport était suivi d'un curieux projet d'*artillerie volante*[4], servie par les compagnies des départements nouvellement

1. Campagnes dans les Alpes pendant la Révolution, Léonce Krebs et Henri Moris, 1792-93, Paris, Plon, 1 vol. in-8, p. 371 ; les auteurs disent mars au lieu de *mai*.

2. Registre B, Comité de Salut public, p. 253.

3. Voir un état de l'armement de Toulon, 3 mars 1793, signé : Barras (Rhodes de); Krebs et Moris, p. cxxxvi.

4. L'utilité de ce projet est démontrée par ce fait que « depuis la tour Saint-Louis jusqu'au fort carré d'Antibes il y a 864 bouches à feu ; ne fussent-elles servies que par six canonniers chacune, cela ferait 5.184 ; partout, continue du Teil, on m'a assuré que ce service serait rempli, il me reste cependant beaucoup d'inquiétudes à cet égard... »

décrétées ; elles devaient être exercées par des instructeurs du corps de l'artillerie, et du Teil se chargeait, un mois après leur organisation, de les mettre en état d'entrer en ligne à Arles, Marseille, Toulon, Fréjus, Cannes, Antibes et dans l'île Sainte-Marguerite.

Ce qui est plus notable encore que ce projet d'artillerie volante, c'est l'insistance avec laquelle le général du Teil parle au ministre des batteries de côte en général et des batteries à boulets rouges en particulier : la disposition souvent vicieuse des bouches à feu dans l'intérieur des batteries, l'emplacement des fourneaux et des magasins à poudre, la qualité des plates-formes ont particulièrement attiré son attention ; il signale spécialement la nécessité de fermer les batteries « soit par des murs crênelés, soit par des parapets revêtus et entourés de fossés bien palissadés..., l'ennemi pouvant mettre à terre une centaine d'hommes pendant la nuit qui prendront ces batteries de revers... si les ennemis extérieurs peuvent nous occasionner ces ravages, poursuit-il, ne les craignons-nous pas également de ceux de l'intérieur » ; mais, effrayé par les travaux nécessaires à ces perfectionnements, il se hâte d'ajouter : « Les Batteries qui sont dans les bourgs ou à portée des villages, non plus que celles qui se trouveroient entre deux batteries fermées, n'auroient pas besoin de l'être ».

Mais le commandant de l'artillerie de l'armée d'Italie allait bientôt trouver, pour quelques jours, un actif collaborateur dans la personne de Bonaparte qu'il connaissait depuis longtemps de réputation puisque son frère aîné l'avait eu sous ses ordres, du

1ᵉʳ juin 1788 au 30 août 1791. Napoléon, qui était en
Corse depuis l'automne de 1792, arriva à Nice [1] vers la
fin de juin 1793 [2] et fut aussitôt attaché par le général
du Teil au service le plus important de sa direction,
celui des batteries de côte, ainsi que l'établissent deux
lettres écrites le 3 juillet, pour le même objet, et
adressées l'une à Rhodes de Barras [3], directeur de
l'arsenal de Toulon, et l'autre à Bouchotte, ministre
de la guerre : elles ont trait également à une question
qui inquiétait du Teil dès le 11 mai [4] et sont curieuses
à mettre en regard, car celle qui fut expédiée à Paris
est d'un style plus républicain :

« Le général du Teil,   « Citoyen   ministre,
citoyen et cher camarade,   nous n'avions pas encore
me charge de vous écrire   l'usage   dans   l'artillerie

---

1. Cinq compagnies du 4ᵉ régiment d'artillerie, en garnison
à Nice dès le 5 mars, s'y trouvaient encore le 8 juillet; Krebs
et Moris, I, LXIX et XCI. Suivant de Coston, I, 245, trois étaient
aux ordres de *Sugny*, *Songis* et *Pernetty*; Iung, II, 324, en
indique quatre commandées par Sugny, *Deguers*, Songis et
Ducos de Revignan : cependant Deguers semble avoir émigré.

2. Le 26, suivant Iung, t. II, pp. 208 et 324.

3. Jacques-Nicolas Rhodes de Barras, né à Aiglun près Digne
le 18 janvier 1737, colonel le 8 mars 1793; il avait épousé
Aldegonde-Josèphe de Carondelet-Thumeries, sœur d'Anne-
Marie-Louise-Josèphe, mariée à Philippe-Adrien-Louis de
Buisseret d'Helfaut, dont le fils, le comte Eugène de Buisseret,
a épousé Clémence du Teil.

4. Si l'on songe au rôle que Napoléon allait jouer quelques
mois plus tard sous Toulon, l'importance de la mission dont
le chargea le général du Teil, le 3 juillet, n'échappera à personne,
et l'on y trouvera le germe de la construction de la fameuse
batterie des Sans-Culottes.

pour vous demander les profiles de la construction d'un four à reverbère, comme l'on commence à en pratiquer pour les boulets rouges. Vous devez avoir reçu sur cet objet une instruction du ministre de la Guerre, je vous prirai de me les faire passer le plus tôt possible [2]. » d'établir des fours à reverbère près des batteries de côte ; nous nous contentions d'une simple grille [1] avec un soufflet de forge, le général Duteil me charge de vous en demander un modèle avec les profiles afin que nous soyons dans le cas d'en faire construire sur notre côte et de brûler les navires des despotes [3]. »

En attendant la réponse du ministère [4], qui ne fut

1. Voir page 300, note 1.

2. Cette lettre, qui faisait partie de la collection d'un amateur anglais décédé, a été adjugée à Londres, le 18 juillet 1892, pour la somme de 21 livres st., chez Sotheby, Wilkinson et Hodge (le catalogue de cette vente a été imprimé chez J. Davy et sons, in-8 ; voir pages 19 et 20). — Elle était naguère la propriété du comte Jules de Villeneuve-Esclapon ; il la tenait de sa mère la marquise de Villeneuve, née Rhodes de Barras. Cette particularité m'a été révélée par le marquis de Villeneuve, ancien député de la Corse, fils du comte Jules et de la comtesse, née de Fresse de Monval, et marié à la princesse Jeanne Bonaparte.

3. Cette seconde lettre se trouve au ministère de la guerre, à sa date, armée d'Italie ; elle a été publiée dans la correspondance de l'empereur, 1, 17, note 1. En 1794, Napoléon utilisera ces connaissances pour la défense de la côte.

4. Voici cette réponse (inédite) :

ARTILLERIE   Paris, le 15 juillet 1793, l'an 2ᵉ de la
3ᵉ division   République une et indivisible.

Dupin, adjoint au ministre de la guerre,
au citoyen Buonaparte, capitaine d'artillerie, à Nice.

Je vous fais passer, Citoyen, les modèles des fourneaux à

expédiée que le 15 juillet, du Teil, pour utiliser Bonaparte, le chargea, le 8 de ce mois, d'aller organiser à Avignon [1] un convoi de poudre.

L'ancienne capitale du Comtat était alors en pleine insurrection [2] ; le 15 juillet Napoléon devait se trouver au Pontet où campait l'armée du Midi, qui venait de se constituer sur l'ordre du représentant Dubois de Crancé [3] et sous la direction du général Carteaux [4] ; il paraît vraisemblable que le futur empereur fut immédiatement utilisé et attaché à la colonne volante, commandée par l'adjudant-général Dours [5], et destinée à opérer sur la rive droite du Rhône.

Dommartin [6], commandant de l'artillerie de cette armée qui n'avait qu'un petit équipage de campagne, se souvint, devant Avignon, des expériences que le baron du Teil avait fait exécuter à Auxonne, en 1784 et en 1786, sous ses yeux, lorsqu'il n'était que

rougir les boulets avec toutes les instructions nécessaires à cet égard.

(Bureau des Lois et Archives.) — Ministère de la guerre, collection Napoléon.

1. Iung, t. II, p. 346 ; de Coston indique la « poudrerie » de Vonges, près Auxonne, comme but de la mission de Bonaparte, t. I, p. 247. Suivant Marmont, I, 35, l'ordre aurait été donné par le commandant de Faultrier.

2. Iung, t. II, pp. 346 à 376.

3. Edmond-Louis-Alexis Dubois de Crancé, 1747 † 1814, ministre de la guerre sous le Directoire.

4. Jean-François Carteaux, 1751 † 1813, peintre, général de brigade 17 juillet 1793, de division 19 août.

5. Joseph-François Dours, général de brigade 26 septembre, de division 10 octobre 1793.

6. Elzéar-Auguste Cousin de Dommartin, 1767 † 1799, général de brigade 1793.

lieutenant au régiment de ce nom ; ne dit-il pas à sa mère, dans une lettre datée du 28 août : « Nous n'en avons pas moins attaqué (Avignon) le 25 à deux heures du matin. Je leur envoyai quelques bombes avec une pièce de canon démontée et qui ne pouvait servir qu'à cela »... Dans le cas où le capitaine de la 17ᵉ compagnie légère aurait eu, au sujet de ces épreuves d'artillerie, la mémoire trop courte, Bonaparte était là qui pouvait lui donner d'utiles indications, car ses souvenirs étaient de deux ans plus récents. Quoi qu'il en soit, ce procédé de tir frappa le général Carteaux qui écrivit à Kellermann le jour même : « J'avais ordonné au capitaine Dommartin, commandant de l'artillerie, de l'intelligence duquel j'ai singulièrement à me louer, de commencer l'attaque en faisant jeter dans la ville des obus avec une pièce de huit, démontée et disposée pour ce[1] »...

En tout cas, Bonaparte reprit sa mission dès que la réduction d'Avignon le lui permit, comme le prouve l'ordre de réquisition[2] que voici :

« Tarascon, 29 juillet 1793[3].

« Le citoyen Buonaparte, capitaine-commandant

1. Carteaux à Kellermann, 25 juillet 93, Archives historiques de la guerre.
2. Inédit ; ministère de la guerre, collection Napoléon, avec cette indication de source : Archives des Bouches-du-Rhône, A, 309.
3. Cette mention est fort curieuse, car le fameux *Souper de Beaucaire* est aussi daté du 29 juillet. Bonaparte, après avoir donné ses ordres à Tarascon, a pu arriver à Beaucaire le 29 dans la soirée : la colonne Dours fut en effet le 28 à Tarascon et le 29 à Beaucaire ; Masson, II, 475.

d'artillerie, chargé de l'approvisionnement de l'armée d'Italie

« Aux citoyens administrateurs du district de Tarascon.

« Je vous requiers, citoyen, de me fournir six voitures attelés de trois collier chacune pour le transport d'un convois de poudre à l'armée d'Italie... les voitures devront se rendre mercredy dans la journée à Avignon. Elles s'adresseront au citoyen Buonaparte, au Palais-Royal.

« Buonaparte. »

Le 31 juillet, le jeune capitaine était de retour [1] dans la cité des papes et, au milieu des occupations que lui créait l'organisation de son convoi, trouvait les loisirs nécessaires à la correction de ses premières épreuves du *Souper de Beaucaire* [2]. Ne prévoyant pas alors que la fortune le guettait sur les bords de la Méditerranée, il sollicitait du ministre une place de lieutenant-colonel à l'armée du Rhin [3]. Cette démarche

---

1. Cette marche rétrograde de Bonaparte a été parfaitement entrevue et expliquée par M. Masson, II, 476.

2. « Vous avez, y disait Napoléon, des pièces de 24 et 18 et vous vous croyez inexpugnables ; vous suivez l'opinion vulgaire, mais les gens du métier vous diront, et une fatale expérience va vous le démontrer, que de bonnes pièces de 4 et de 8 font autant d'effet pour la guerre de campagne et sont préférables sous bien des rapports. Vous avez des canonniers de nouvelle levée et vos adversaires ont *des artilleurs de ligne qui sont, dans leur art, les maîtres de l'Europe.* »

3. Sans doute parce que le général du Teil lui avait parlé de cette armée et de son intention d'y retourner ; voir plus loin la lettre de du Teil à Bouchotte.

lui valut, le 28 août, une précieuse recommandation de Bouchotte : « Voyez le citoyen Bonaparte, sa proposition est celle d'un patriote. S'il a des moyens, profitez-en pour l'avancer[1]. » Avec ses voitures, il chercha naturellement à se mettre plus ou moins à la remorque de l'armée de Carteaux, et le désir de rejoindre la première division de l'armée d'Italie qu'il pourrait rencontrer le conduisit, sur les talons de ce général, sous les murs de Toulon.

Pendant ce temps, Kellermann, général en chef de l'armée des Alpes, avait reçu la direction supérieure de l'armée d'Italie, commandée par Brunet et était venu à Nice le 17 juin pour arrêter avec lui un plan de campagne. Le 25 juillet, les représentants du peuple[2] nommaient du Teil général de division et le 26, de concert avec les généraux Kellermann et Brunet, ils l'envoyaient à l'armée des Alpes pour diriger toute la grosse artillerie de siége qui se trouvait dans les arsenaux de Grenoble, Mont-Lyon, Briançon, etc.[3]

On sait que Kellermann fut subitement rappelé à l'armée des Alpes par l'insurrection lyonnaise. Ce fut en effet le 8 août que le représentant Dubois de Crancé, accompagné de cinq mille hommes de troupes réglées et de sept à huit mille réquisitionnaires, somma vainement Lyon de se rendre ; aussitôt com-

---

1. Guerre, collection Napoléon ; la dépêche de Bonaparte avait été enregistrée sur un cahier aujourd'hui introuvable.

2. Barras, Beauvais, Despinassy et Baile ; cette promotion fut confirmée au ministère le 11 août.

3. Rapport de Brunet au ministre.

mença le siége de cette place dont on ne s'empara
que le 9 octobre. Le 14 août un conseil de guerre
fut tenu sous les murs de la ville ; le chef de brigade
Lagrange [1] y assista comme commandant de l'artillerie.

Après avoir rassemblé les troupes destinées au
siége de Lyon et avoir organisé les réquisitions qui
devaient leur fournir chevaux, bouches à feu et munitions, le général en chef Kellermann [2], laissant définitivement la direction de cette opération au général
du Muy [3], alla se mettre à la tête de son armée
afin de repousser les troupes sardes qui, pour tendre
la main aux Lyonnais, menaçaient notre frontière des
Alpes. Le 1er septembre, il était à Grenoble et y
donnait des ordres afin que l'on pourvût « avec cha-
leur » aux approvisionnements pour le bombardement de Lyon et la défense du Mont-Blanc. Précédemment le général en chef, quittant momentanément
l'armée du siége, était allé relever le courage des
divisions de Tarentaise et de Maurienne, alors campées
l'une à l'Hôpital-sous-Conflans, l'autre à La Chapelle ;
le 12 août, ces troupes, attaquées simultanément par
vingt-cinq mille Piémontais, avaient dû battre en
retraite, la division de Tarentaise sur Conflans et
celle de Maurienne sur Aiguebelle.

1. Charles-François Lagrange, né en 1733, chef de brigade
1793.

2. Voir un article du général Thoumas, journal le Temps,
29 novembre 1892.

3. Jean-Baptiste-Louis-Philippe de Félix, comte du Muy, né
en 1751, général de division le 6 février 1793.

Bientôt Kellermann passait par Chambéry et se rendait à Grésy où il réunissait, le 10 septembre, un conseil de guerre [1]; le général de division du Teil, le jeune, y assista comme général d'artillerie [2]; l'on y prit les résolutions suivantes : repousser l'ennemi par la Tarentaise et le Faucigny; l'attaquer par trois colonnes, le faire harceler en Maurienne par la seconde division; se retirer vers le point de départ, si l'on se trouvait en présence de forces supérieures. Singulière coïncidence : le même jour, à Paris, le conseil exécutif, sur le rapport du ministre de la guerre, signait la destitution du général en chef qui, profondément attristé par toutes les dénonciations dirigées contre lui, avait offert sa démission dès le 5 septembre; le 13 septembre, un ancien médecin, François-Amédée Doppet [3], qui s'était distingué à l'armée du Midi à la tête de la légion Allobroge, était désigné pour remplacer Kellermann et, le 26, se rendait heureusement sous les murs de Lyon [4], laissant à son prédécesseur le soin périlleux de ter-

1. Archives de la guerre, armée des Alpes, à sa date.

2. Les chefs de bataillon Molines et Lecomte commandaient le premier l'artillerie et le second le génie.

3. François-Amédée Doppet, 1753 † 1800, avait servi dans sa jeunesse dans les gardes françaises et repris du service en 1792, général de brigade 21 août 1793, de division 11 septembre. On a de lui un « Traité du fouet et de ses effets sur le physique de l'amour, ou aphrodisiaque externe. Ouvrage médico-philosophique, suivi d'une dissertation sur tous les moyens capables d'exciter aux plaisirs de l'amour », par D..., médecin, S. l., 1788, in-16.

4. Iung, t. II, p. 388.

miner la campagne entreprise dans le Mont-Blanc [1].

Les troupes françaises reprirent bientôt l'offensive ; Kellermann « marcha le 4, à la pointe du jour, sur le Bourg-Saint-Maurice ; l'ennemi était en bataille sur le plateau du village de Saint-Germain ; il y avait une batterie de deux pièces du calibre de huit, avec lesquelles il nous tira, disait le général en chef dans un mémoire écrit en 1795 [2], depuis sept heures du matin jusqu'à dix heures, que la colonne arriva avec l'artillerie qui fit bientôt taire le feu de l'ennemi. J'ordonnai à un bataillon de grenadiers et un de chasseurs de tourner l'ennemi par sa gauche. Le feu fut très-vif pendant trois heures. Enfin l'ennemi fut chassé du plateau de Saint-Germain sur les deux heures après-midi et gagna le Saint-Bernard. Cette

1. Signalons la pièce suivante, conservée à la Bibliothèque de Grenoble :

« A Aiguebelle, le 27 septembre 1793, l'an 2e de la République française une et indivisible.

« Le général divisionnaire commandant l'artillerie de l'armée des Alpes, au citoyen Bresges, adjudan général de ladite armée.

« Le commandant de l'artillerie de Grenoble m'a fait part de vos demandes ne pouvant les satisfaire, il faut vous adresser à Briançon ou à Moutiers pour des garcouses du calibre de deux, à Briançon pour les 4 canonniers et quant aux mulets le général Kellermann m'a dit de vous dire de vous les procurer dans le pays à quelque pris que ce soit, on fera cependant ce que l'on pourra pour vous en procurer. Le général me charge de vous dire encorre de ne pas vous laisser prévenir par les besoins et de les prévoir d'avance pour qu'on puisse les satisfaire.   « Duteil, cadet. »

2. Mémoire publié par M. Duval dans « L'Invasion de la Savoie par l'armée Sarde en 1793 », Saint-Julien, 1892, 1 vol. in-8, pp. 19 à 39, spécialement 35 et 36.

journée qui, au rapport d'un grand nombre de prisonniers et de déserteurs, coûta beaucoup à l'ennemi ne nous laissa à regretter que très peu de républicains. Le représentant du peuple Dumaz [1], toujours à mes côtés, se trouva partout où il y avait du danger; enfin cette expédition, d'une fatigue excessive, prouva de quelle valeur sont capables les soldats de la république. Je ne finirai point *sans faire le plus grand éloge du général Saint-Remy* [2] *et des généraux du Teil et Badelone* [3] *qui me secondèrent parfaitement* ».

Kellermann, accompagné de Dumaz, passa alors dans la Maurienne où l'attaque avait été dirigée par le général Dornac [4] : « L'ennemi fuyait devant nous, sans connaître d'autre moyen d'arrêter nos braves soldats que de fermer le passage à l'artillerie, continue le général en chef, en rompant sept ponts; nuls obstacles ne pouvaient arrêter notre infanterie, les chemins les plus affreux furent franchis. J'arrivai, le 8 octobre, avec l'avant-garde à Thermignon au pied du Mont-Cenis. C'est ainsi que se termina cette fameuse expédition [5] ».

---

1. Jacques-Marie Dumaz, 1762 † 1839, député suppléant du Mont-Blanc à la Convention.

2. Charles-Alexandre-Louis Roussel Saint-Remy, général de division 15 mai 1793.

3. Nicolas Debas, dit Badelaune, né en 1756, général de brigade le 21 juin 1793.

4. Jean-Jacques La Roque d'Olès d'Ornac, lieutenant général le 7 septembre 1792.

5. Mémoire de Kellermann; Duval, p. 36. « Les généraux de division Dornac, Carcaradec (qui commandait le camp de Tournoux), et du Teil, le chef de l'état-major, le général Saint-

Le résultat de cette courte mais glorieuse campagne ne se fit pas longtemps attendre : le 9 octobre Lyon se rendait, « n'ayant plus d'espoir d'être secouru ». Le général du Teil, cadet, revenu à Grenoble aussitôt après le combat du 4 octobre, recevait, le 10, l'ordre de se tenir prêt à marcher, avec toute l'artillerie de campagne qu'il pourrait recueillir, contre les troupes sorties de Commune-Affranchie [1]. Quant au vainqueur de Valmy, il apprenait à Chambéry, le 18 octobre, sa destitution et était arrêté à Aix-les-Bains ; le 26 octobre ses papiers étaient transmis au Comité de Salut public par le suppléant du procureur général de Grenoble. Il convient de noter ici l'hommage que Kellermann rendit personnellement à du Teil dans la lettre [2] suivante adressée au ministre :

« Le 18 septembre, l'an 2e de la République.

« Le général d'armée des Alpes et d'Italie au citoyen
        Bouchotte, ministre de la guerre.

« Les talens, le zèle et le civisme le plus soutenu du général de brigade du Teil, cadet, m'ont déterminé,

Remy, dit encore (p. 38) l'auteur du mémoire, me rendirent les plus grands services... ». — Louis-Joseph-Marie Royon de Carcaradec, maréchal de camp le 12 juillet 1792.

1. Lettre du général de Lajolais aux administrateurs du directoire de l'Isère. — Frédéric-Michel de Lajolais, général de brigade 21 juin 1793.

2. Kellermann ignorait alors que du Teil eût été nommé par le ministre général de division, aussi en marge de cette lettre lit-on ces mots : « Il est général de division ». — Archives administratives de la guerre.

citoyen, à demander aux représentans du peuple de l'armée d'Italie qu'il soit élevé au grade de général de division, ce qu'ils lui ont accordé par un brevet provisoire; j'espère que vous confirmerés d'autant plus volontiers cette nomination que c'est une justice rendue à un des plus anciens officiers généraux des armées de la République.

« Kellermann. »

Le baron du Teil, après avoir décliné le commandement en chef de l'artillerie de l'armée du Rhin, par une lettre du 5 juillet 1792[1], avait été mis en disponibilité, puis envoyé à Metz[2], sous les ordres de Beurnonville qui commandait l'armée de la Moselle, formée par les 3e et 4e divisions militaires. Postérieurement, on le trouve classé comme inspecteur général[3] de l'artillerie du 6e département (Grenoble), puis, au moment de la constitution de l'armée de réserve que devait commander le général Berruyer[4], il est porté sur la liste des lieutenants généraux d'artillerie[5] qui allaient y être employés, avec MM. de Rostaing, de Beauvoir et des Almons; mais cette armée n'eut qu'une durée éphémère : créée le 1er avril 1793, elle fut supprimée le 30.

1. Archives administratives de la guerre.
2. Etat militaire pour 1793, p. 49.
3. Almanach national, année 1793.
4. Jean-François Berruyer, 1737 † 1804, général de division, depuis commandant des Invalides 1796.
5. Journal militaire, t. VI, p. 232. Philippe-Joseph, comte de Rostaing; Denis-Nicolas Varel de Beauvoir et Joseph Perrin des Almons, promus le 20 mai 1791.

En juillet de cette même année, du Teil fut de nouveau chargé de l'inspection générale du département de Grenoble ; c'est à ce moment que son attention fut attirée par les évènements qui venaient de se passer à Saint-Étienne : la commission populaire républicaine et de salut public de Rhône-et-Loire, qui siégeait à Lyon et se trouvait depuis la fin de mai en lutte plus ou moins ouverte contre la Convention, avait envoyé, par arrêté du 8 juillet, une armée départementale à la manufacture d'armes de Saint-Étienne où Rousseau, député de cette commission, se fit délivrer six caisses contenant cent fusils et cent pistolets neufs. Les commissaires chargés de la vérification des armes de la manufacture en avertirent, le 17 juillet, le ministre de la guerre qui transmit leur lettre [1] au Comité de Salut public.

Du Teil l'aîné se transporta donc à Lyon où tout semblait alors devoir rentrer dans l'ordre ; le 24 juillet, le conseil général du département de Rhône-et-Loire avait pris un arrêté de soumission à la Convention « comme le seul point central et le raliement de tous les citoyens » et avait autorisé le départ de la compagnie de Salva [2] du 2e régiment d'artillerie, mandée à l'armée des Alpes. Gassendi, qui avait été accusé d'avoir fait sortir deux mille sabres de l'arsenal de Lyon [3], était remis en liberté et pouvait se rendre à

1. Archives de la Guerre, siége de Lyon, Correspondance.
2. Antoine Salva, né en 1744, services de 1759, capitaine 1792. — Cette compagnie coopéra au siége avec la compagnie Monestrolles et la compagnie légère d'Anthouard.
3. Journal de Lyon ou moniteur du département de Rhône-

l'armée d'Italie où l'appelaient des ordres. Le 27 juillet, du Teil, que ses deux fils Claude et Césaire [1] étaient venus rejoindre, donnait à l'aîné, de nouveau son premier aide-de-camp, l'ordre « de se transporter à Saint-Étienne-en-Forêt, de s'adresser au citoyen Colomb, inspecteur de la manufacture d'armes de Saint-Étienne, qui lui remettra les états, mémoires et observations concernant ses fonctions, à commencer de l'année dernière jusqu'au jour de la susdite remise, fera voir audit Duteil tout ce qu'il croira nécessaire pour que ledit puisse m'en rendre compte [2] », etc... Puis, après avoir écrit au ministre, le 28 juillet, pour lui demander un brevet d'aide-de-camp pour son troisième fils [3], il quittait Lyon, le lendemain sans doute du jour où les Assemblées primaires de cette ville acceptèrent à l'unanimité l'acte constitutionnel.

et-Loire ; Gassendi, qui était sous-directeur à Lyon, avait été nommé par la Commission gouverneur de l'arsenal et commandant des canonniers de ligne ; c'est entre lui et la municipalité que s'était élevé le premier conflit, le 29 mai, à l'occasion de l'organisation et du départ d'un convoi d'artillerie destiné à l'armée des Pyrénées-Orientales.

1. Ils avaient servi en 1792 dans l'armée des princes ; l'aîné comme aide-de-camp du commandeur de Buffévent, le second dans les Gardes d'Artois, cavalerie ; après la campagne, ils avaient été licenciés et étaient, pendant l'hiver, venus à Pommier revoir leur père : Claude du Teil avait retrouvé là sa femme ; la mort du roi modifia sans doute leurs opinions au point de vue de l'émigration et ils durent exprimer au lieutenant général le désir de rester dorénavant auprès de lui : malheureusement, le désastreux siége de Lyon ne tarda pas à les séparer encore de leur père.

2. Archives départementales du Rhône.

3. Archives administratives de la Guerre ; le brevet fut expédié le 26 octobre.

Mais, peu de temps après, la ville refusait de se soumettre aux conditions excessives formulées par les représentants du peuple à l'armée des Alpes et présentées, avec regret, par Kellermann qui ne put jouer le rôle de pacificateur qu'il ambitionnait : à la veille du siége, le fils du baron du Teil se vit refuser, le 5 août, par Coindre, maire provisoire, le passeport[1] qu'il avait demandé pour être en mesure d'accomplir la mission dont son père l'avait chargé. Il se trouva donc dans l'impossibilité de quitter Lyon et partagea, ainsi que son frère qui était resté auprès de lui, avec les Chapuis de Maubou et les Chènelette le soin de sa défense. Claude du Teil fut, dès le 14 août, requis par Précy[2] « de se transporter dans le quartier de Saint-Iréné, Trion, Saint-Just et Sainte-Foi afin d'y faire exécuter les ouvrages par nous ordonnez et arretez[3] ». Mais cet officier, qui n'était pas Lyonnais et ne voyait pas dans cette réaction républicaine en apparence une tentative sincère de restauration monarchique, n'embrassa pas avec empressement, du moins au début du siége, la cause de Précy qui dut lui envoyer de nouveaux ordres à Saint-Just le 1er septembre.

Le général du Teil l'aîné revint donc à Grenoble où sa présence était nécessaire par suite du départ de

---

1. Archives départementales du Rhône.
2. Louis-François Perrin, comte de Précy, 1742 † 1820, lieutenant-colonel commandant le bataillon de Chasseurs des Vosges 1788; général des forces du département de Rhône-et-Loire 1793.
3. Archives départementales du Rhône.

son frère cadet pour le Mont-Blanc. Il travailla immédiatement à la rédaction d'un état général des bouches à feu, poudres et munitions qui existaient dans les places de sa direction [1]. Après avoir remis cette pièce à Kellermann le 19 septembre, il s'occupa de l'établissement d'un état particulier du matériel de guerre qu'il était instant d'envoyer dans ces différentes places pour les mettre à même « de soutenir la défense dont leurs fortifications les rendaient susceptibles et de fournir aux besoins des armées qui devaient agir sur les frontières [2] ». Quelques jours plus tard, en transmettant ces pièces importantes au Comité de Salut public, le général en chef insista sur la pressante nécessité de pourvoir à l'approvisionnement de la direction, « surtout, disait-il, parce qu'il est très-difficile et souvent impossible, pendant deux ou trois mois, de faire arriver des charrois tels que ceux de l'artillerie dans les places des Hautes-Alpes [3] ».

A quelques temps de là, Doppet qui était entré dans Lyon, le 9 octobre, avec l'armée républicaine, était désigné pour aller remplacer Carteaux sous Toulon, livré aux Anglais le 28 août; le nouveau général en

---

1. Il est absolument inexact que le baron du Teil ait commandé l'artillerie sous les murs de Lyon; il n'a jamais repris de service de guerre sous la Révolution et s'est contenté de remplir ses fonctions d'inspecteur général.

2. Krebs et Moris, Pièces justificatives, n° 100, p. cxxix, d'après les Archives de la Guerre.

3. Lettre de Kellermann au ministre, 25 septembre. — Il y a lieu de noter ici l'établissement d'un arsenal de construction à Grenoble obtenu le 22 septembre 1793 par Hyacinthe-Camille Tesseire (1764 † 1842), qui avait été député dans ce but par la municipalité de cette ville auprès du Comité de Salut public.

chef de l'armée des Alpes venait précisément de quitter « Ville-Affranchie », le 30 octobre, pour un voyage d'inspection dans les départements du Mont-Blanc et de l'Isère; le lendemain, informé de sa nouvelle destination, il écrivait de Chambéry au ministre qu'il allait passer par Grenoble afin « d'y arrêter, avec le chef de l'artillerie, des arrangements pour faire partir des canonniers pour Toulon [1] ».

Le 1er novembre, 11 brumaire 1793, Gassendi, devenu directeur de l'équipage d'artillerie de l'armée d'Italie et député par les représentants du peuple sous Toulon pour explorer les places des Alpes et y prendre le matériel nécessaire, arrivait à Grenoble avec l'état détaillé des objets qui manquaient à l'équipage de siége. Le lendemain, du Teil l'aîné, « vu l'urgence du siége et les réquisitions des représentants », examinait, avec cet officier, la situation de toutes les places de son département afin d'en tirer ce qui pourrait l'être pour le moment [2], tout en prévenant qu'il serait indispensable d'opérer le remplacement de ces objets pour que la frontière fût en état de défense au printemps suivant [3].

1. Archives historiques de la Guerre.
2. Armée des Alpes, Correspondance.
3. Voici d'après les archives de la Guerre l'état arrêté entre du Teil et Gassendi :

Effets tirés des places de la direction de Grenoble :

		Demandés	Existants
	Affûts de 24	42	42
Grenoble	Avant-trains, id.	42	79
	Pierriers	7	7
	Affûts à pierriers	4	4

Le général Doppet, qui venait d'arriver à Grenoble avec Albitte, obtint des représentants près l'armée des Alpes, Dumaz et Simond [1], les autorisations nécessaires à la formation et au départ de ces convois : aussi du Teil fit-il passer, dès le 3 novembre, 13 brumaire, à l'arsenal de Grenoble avec un état des objets à envoyer, la note suivante : « Le chef de brigade Lagrée, directeur d'artillerie à Grenoble, fera partir en

		Demandés	Existants
Grenoble (*suite*)	Affûts à mortiers de 12 pouces....	4	4
	Bombes de 8...	5000	5986
	Id. de 12.	486	486
	Pics à hoyaux....	600	1500
	Outils à mineurs.	178	178
	Forge complète sans soufflet.	1	3
	(Il existe dans cette place 44.289 mèches ; on ignore la quantité qu'on en a prise).		
Querras : Avant-trains pour affûts d'obusiers de 6.		3	3
Barrault	Canons { de 24.	2	6
	Canons { de 16	3	5
	Affûts de 24.	4	6
	Avant-trains.	4	18
Briançon	Canons de 24.	5	9
	Affûts, id.	12	28
	Avant-trains	12	59
	Poudres	100000	294000
Montlyon	Canons de 24.	22	28
	Affûts, id	7	16
	Boulets, id	4198	12198
	Poudres	20000	121831
	Haches.	2000	2673
	Serpes.	4000	5749
	Outils à mineurs.	200	403
	Pics hoyaux	2157	3490
	Pics à rocs.	1737	2070
	Pelles quarrées.	4500	5180

1. Philibert Simond, † 1794, savoyard, ancien vicaire général à Strasbourg.

diligence les ordres nécessaires pour que dans chaque place, sans perdre de temps, on fasse partir les choses indiquées au présent état, par la voie des transports militaires [1], dont lettres de voiture en forme seront données aux conducteurs à jour d'arrivée fixé et dont le moindre retard, par négligence de leur part, sera puni par la retenue d'un tiers du prix du port; le citoyen Lagrée s'exécutera à tous égards pour l'accélération du présent ». Lagrée donna ses ordres « tout de suite, recommandant la plus grande célérité pour les transports; j'ai aussi recommandé ici, écrivit-il de Grenoble à l'adjoint au ministre, le 15 brumaire [2], au citoyen Prié, chargé des transports militaires, pour qu'il s'entende avec les autres préposés afin que chacun, dans son canton, emploie tous les moyens possibles pour la plus prompte exécution ».

Toutes les pièces relatives à l'organisation et à la mise en route de ces convois furent donc placées sous les yeux du ministre par Dupin, son adjoint; Bouchotte reçut directement des renseignements sur cette opération par l'entremise « du républicain Prière [3] » qui

---

1. On avait dû recourir à ce mode de transport pour les convois d'artillerie en raison du manque de chevaux à l'armée des Alpes; le ministre, qui en avait promis 1.000 pour l'artillerie de cette armée, n'en avait pas encore envoyé un seul en juin 1793; les derniers avaient été envoyés à Lyon et n'en étaient pas revenus.

2. Lagrée rendit compte, comme on le voit, en haut lieu; ainsi le ministre et son adjoint, régulièrement informés, trouvèrent les mesures prises en cette occasion parfaitement normales puisqu'ils les approuvèrent tacitement, en ne faisant à leur sujet aucune observation.

3. Il portait le titre de commissaire du pouvoir exécutif; c'était un ancien marchand de vin : on peut juger par l'ortho-

lui écrivit le 14 brumaire : « Tu trouvera cy-joint un État que ma remis le général duteil insepcteur de l'artillerie. Les transport ver la rébelle Toulon ce font avec beaucoup de selerité ».

Malgré les difficultés qu'accumulaient le mauvais état des chemins, les longues distances à franchir et le manque absolu de chevaux d'artillerie, le matériel de guerre tiré des places de la direction de Grenoble parvint en temps utile sous les murs de Toulon, ainsi que l'établit l'état du grand équipage de siége conservé aux archives historiques du ministère de la guerre [1]; la bonne exécution des ordres donnés simultanément à Grenoble par du Teil l'aîné et Doppet est également avérée par une lettre de Bonaparte adressée à Dupin, adjoint au ministre, en date du 4 nivôse, 24 décembre, et annonçant le renvoi de l'artillerie de Briançon et de Mont-Dauphin [2]. Un témoignage, encore moins suspect, est celui qui fut donné par les administrateurs des Hautes-Alpes à Claude du Teil ; échappé aux massacres après le siége de Lyon, il était venu chercher un refuge chez son père qui, pour lui sauver la vie, le reprit comme aide-de-camp et fit demander

graphe de cet homme du degré d'instruction des envoyés chargés de surveiller nos meilleurs généraux !

1. Ce grand état à colonnes, quoique postérieur, est classé au 27 vendémiaire, 18 octobre, parce qu'il indique dans une première colonne les effets existants sous Toulon à cette date ; les autres colonnes sont consacrées aux effets demandés par Gassendi au cours de sa mission : celle qui contient les réquisitions pratiquées dans les places de la direction de Grenoble porte de la main de du Teil cadet, commandant en chef de l'artillerie, cette mention : *arrivés à Toulon*.

2. Siége de Toulon, Correspondance.

pour lui un nouveau brevet le 3 frimaire. 23 novembre [1] : tout le monde comprendra que le vieux lieutenant général ait recueilli auprès de lui un fils fugitif qui. d'ailleurs. ne s'était trouvé mêlé que par surprise à l'insurrection lyonnaise et ne l'avait servie qu'après bien des hésitations. Le baron du Teil. déjà étroitement surveillé, comme tous les officiers de l'ancien régime. n'avait pas le choix des moyens pour préserver les jours de son aîné qui paya consciencieusement sa dette en s'acquittant avec courage et ponctualité des devoirs de sa nouvelle mission : les administrateurs des Hautes-Alpes et le représentant du peuple chargé de la levée des chevaux dans ce département ont attesté eux-mêmes à Gap. le 13 frimaire, 3 décembre [2], « que le citoyen Claude-Jean-Joseph-Pierre Duteil. capitaine d'artillerie. aide de camp chargé d'ordre pour accélérer un convoy d'artillerie imposante aux camps devant Toulon, a mis dans cette expédition toute l'activité dont est susceptible une mission aussi importante en y apportant tout le zelle et ses connaissances de l'art [3] ».

1. Archives administratives. — Quarante-cinq fugitifs, enrôlés dans les bataillons qui marchaient vers Toulon, furent reconnus, ramenés à Lyon et fusillés. Histoire du siége de Lyon; Lyon et Paris, 1797, an 5.

2. Archives du Rhône; signé : Lachau, Richard, Metozet, Bonardelar. Genty, Champsaur : contresigné : Beauchamp.

3. Les transports étaient extrêmement pénibles dans les Alpes en cette saison; Marmont ne dit-il pas : « Je reçus la mission de reconduire à Mont-Dauphin toute l'artillerie et déjà la neige fermait les passages; de grandes difficultés m'arrêtèrent au col de Vars, mais je parvins cependant à les surmonter : revenu à Tournoux, je fus envoyé avec deux compagnies au siége de Toulon ». — Mémoires du duc de Raguse, I, p. 33.

VIII

L'ARTILLERIE AU SIÉGE DE TOULON

(1793)

Avant de quitter le chef-lieu de l'Isère, Doppet écrivait au ministre, le 14 brumaire (4 novembre) : « J'ai emmené avec moi le citoyen du Teil, cadet, général d'artillerie : ses talents et son civisme nous seront bien utiles vis-à-vis de Toulon ». En effet, la prise de Lyon et la présence de son frère aîné à Grenoble rendaient les services du chevalier du Teil superflus à l'armée des Alpes, aussi avait-il été nommé, le 31 octobre [1], commandant de l'artillerie de l'armée devant Toulon. Bonaparte, provisoirement chargé de ces fonctions, avait d'ailleurs démontré lui-même au Comité de Salut public la nécessité d'envoyer sous les

---

1. États des services de Jean du Teil : comme on va le voir par la lettre de du Teil à Bouchotte, le ministre et les représentants du peuple pensèrent simultanément à Jean du Teil pour commander l'artillerie sous Toulon. Ce fait, joint à l'opinion avantageuse que Barras avait de ce général, prouve qu'il jouissait alors d'une grande réputation.

murs de cette place un général appartenant à la même arme que lui[1].

Deux jours plus tard, Jean du Teil était à Avignon d'où il écrivait le 16 Brumaire, 6 novembre, la lettre suivante à Bouchotte :

« J'attendois vos ordres pour aller prendre le commandement de l'artillerie de l'armée de la Mozelle que que vous m'avez déféré, lorsque les représentants du peuple et le général Doppet[2] m'ont donné une marque de confiance que mon zèle justifiera sûrement, si ma trop faible santé n'y met pas d'obstacles. Ils ont désiré me voir à la tête de l'artillerie qui doit réduire les rebelles de Toulon ; cette importante mission avait bien de quoi séduire un républicain qui a à cœur la gloire de nos armes et le salut de la patrie. Ma vie, leur ay-je dit, est à la République, elle ne peut plus l'ignorer, disposez de ses restes. Je suis parti de Grenoble le 10 du deuxième mois[3] et je marche avec le représentant Albitte[4] et le général Doppet[5] sur

1. « La première mesure que je vous proposerai sera de faire venir à l'armée, *pour commander l'artillerie*, un général de l'artillerie qui puisse, même par son grade, contribuer à la considération et imposer à un tas d'ignorants de l'État-major avec lesquels il faut toujours capituler et dogmatiser pour détruire leurs préjugés et mettre à exécution ce que la théorie et l'expérience ont démontré comme des axiômes à tout officier éclairé du corps ». — Bonaparte au Comité de Salut public, 25 octobre 93, 4 brumaire an II ; correspondance de l'empereur, t. I, p. 2.

2. Du Teil, au dire de Doppet, était un *excellent* et ancien officier.

3. 10 brumaire, 31 octobre.

4. Louis-Antoine Albitte, 1750 † 1812, conventionnel.

5. Ils avaient visité ensemble la fonderie de Valence où du Teil les avait sans doute précédés.

cette infâme cité que j'espère avoir la gloire de rendre à
la République, si mes plans sont suivis [1]. Mais, si je
survis à cette opération, je mettrai un plus grand intérêt encore à aller prendre le commandement et l'inspection que vous m'avez déférés sur la Mozelle et particulièrement ce dernier qui est analogue à mes
forces. J'ai lieu d'espérer, citoyen ministre, que vous
n'en disposerez point et que vous me renouvellerez
l'ordre d'y rejoindre lorsque je pourrai vous le demander [2] ».

Mais, le 5 novembre, un remaniement se produisait
dans les commandements supérieurs de nos armées
du sud-est : Carteaux était nommé à l'armée des
Alpes, Doppet devait passer à celle des Pyrénées-
Orientales et Dugommier [3] était désigné pour diriger
celle du siége de Toulon. Quand il arriva devant cette
place, pour succéder à Carteaux [4], Doppet fut donc
informé de sa nouvelle destination [5], avec ordre d'at-

---

1. Ces mots sont intéressants à souligner : du Teil connaissait la position de Toulon et on se rappelle le rapport rédigé
par lui le 11 mai sur la défense de la côte, de Nice aux
Bouches-du-Rhône ; de plus il n'avait pas manqué, à Grenoble,
de s'entretenir avec Gassendi de la situation de l'armée républicaine sous les murs de la place ; personne n'était plus en mesure
de le renseigner que cet officier qui avait vu Bonaparte avant de
partir en mission.

2. Archives administratives de la guerre.

3. Jean-François Coquille Dugommier, 1736 † 1794 ; ancien
lieutenant-colonel ; maréchal de camp 10 octobre 1792, général
de division 3 novembre 1793.

4. Parti le 9 novembre, 19 brumaire, pour Nice, où l'appe-
lait un ordre du 24 octobre, 3 brumaire.

5. Doppet, dans ses Mémoires, explique ainsi sa situation :
« J'arrivai entre le 19 et le 20 brumaire au quartier général de

tendre. pour s'y rendre. la venue de Dugommier qui ne prit la direction du siége que le 17 novembre. 27 brumaire.

La veille. du Teil qui avait été retenu à Marseille pour affaires de service. était venu rejoindre Doppet qui en profita pour faire avec lui la visite des batteries établies avant leur arrivée : « Je vis avec autant de satisfaction que d'étonnement. dit Doppet dans ses mémoires. que cet ancien artilleur applaudit à toutes les mesures qu'avait prises le jeune Bonaparte. alors lieutenant-colonel d'artillerie. Je me fais un plaisir de dire que ce jeune officier, devenu depuis le héros de l'Italie. joignait à beaucoup de talents une intrépidité rare et la plus infatigable activité; dans toutes les visites de postes que j'ai faites à cette armée.... je l'ai toujours trouvé à son poste; s'il avait besoin d'un moment de repos. il le prenait sur terre et enveloppé dans son manteau ; il ne quittait jamais les batteries ».

Tout le monde, il est vrai. ne partageait pas l'optimisme de Doppet; ainsi Barras [1] écrivait de Marseille au Comité du Salut public le 1er Frimaire. 21 novembre : « Je ne connais qu'imparfaitement les positions de Toulon; je compte beaucoup sur les généraux

l'armée qui se trouvait à Ollioulles... En attendant donc l'arrivée du général en chef Dugommier qui se trouvait à l'armée d'Italie, je m'occupai à faire le placement des troupes et de l'artillerie qui chaque jour arrivaient de Lyon. d'après les ordres que j'avais donnés après la reddition de cette ville... » — Mémoires politiques et militaires du général Doppet: Paris, Baudoin, 1824. 1 vol. in-8. p. 205-207.

1. Paul-Jean-François-Nicolas, comte de Barras. 1737 † 1829, ancien capitaine d'infanterie, depuis Directeur.

Dugommier et Duteil; quoique je ne connaisse pas le premier, sa correspondance m'annonce un homme de guerre qui a de grandes vues militaires... J'ajouterai avec la franchise que je professe qu'il a été commis de grandes fautes dans les différentes divisions de cette armée [1] ». Au sujet de la situation de l'artillerie, Marescot [2] adressait d'Ollioules à Carnot une lettre, datée du 5 Frimaire, 25 novembre, et commençant par ces mots : « Je suis arrivé ici hier, mon cher Carnot, j'ai été ce matin visiter les attaques qui ne sont autre chose que quelques batteries provisoires dressées par les officiers d'artillerie, destinées à combattre les batteries avancées des rebelles et à favoriser les premières opérations qui doivent avoir lieu le plus tôt possible [3] ». Mais on sait à quel point sont suspects les témoignages du futur Directeur; quant à Marescot, il ne tarda pas à porter, sur les premières opérations du siége de Toulon, un jugement plus exact : « Dans les premiers jours de Frimaire, dit-il dans une relation contemporaine imprimée depuis [4], nos dispositifs d'attaque n'étaient autre chose que des batteries provisoires placées avantageusement par le chef de bataillon Bonaparte [5], commandant en second de l'artillerie,

1. Recueil Aulard, VIII, p. 615.
2. Armand-Samuel, marquis de Marescot, 1758 † 1832, inspecteur général du Génie 1799.
3. Archives historiques de la guerre; voir aussi dans le *Spectateur militaire*, année 1844, un article du colonel du génie Augoyat, t. XXXVII, p. 71.
4. Relation des principaux siéges faits en Europe par les armées françaises depuis 1790; Paris, 1806, in-4.
5. Néanmoins cet éloge parut insuffisant, en 1806, à l'éditeur de la relation qui crut devoir le rectifier par la note sui-

destinées à combattre les batteries avancées des ennemis et à en préparer les attaques. L'une d'elles, établie sur la hauteur de Brégaillon, avait nettoyé une partie de la petite rade et obligeait les vaisseaux ennemis à se tenir éloignés ». Telle est évidemment l'expression de la vérité.

Pour l'intelligence des opérations définitives qui donnèrent Toulon à l'armée française. il est nécessaire de résumer les premières dispositions prises sous les murs de cette ville. Après son entrée dans Avignon, le général Carteaux avait reçu de Kellermann l'ordre de se porter sur la Durance [1], pour observer simultanément Marseille et Toulon, et d'y attendre de nouvelles instructions : une division, détachée le 24 août de l'armée d'Italie, s'acheminait vers Toulon et allait permettre de faire marcher contre Marseille la petite armée du Midi. Mais le représentant Albitte poussa Carteaux à transgresser les instructions du général en chef : le passage précipité de la Durance, la victoire de Salon, l'occupation de Marseille devaient avoir pour conséquence de laisser l'amiral Hood [2] s'emparer de Toulon le 28 août.

---

vante : « C'est à ce siége que le général Bonaparte, alors chef de bataillon, préludait aux exploits immortels qui ont rempli l'univers de son nom. Il entraînait les chefs de l'armée par l'ascendant de son génie; non seulement il dirigeait l'artillerie dont il n'était que commandant en second, mais encore il dirigeait toutes les armes. En un mot, il était l'âme de ce siége important ».

1. Général Thoumas.

2. Samuel Hood, baron de Catherington, depuis vicomte de Hood, 1724 † 1816.

Cet événement nécessita, le 4 septembre, la création
d'une armée nouvelle destinée au siége de la place :
elle fut formée au moyen de l'armée du Midi [1] à
laquelle se joignit la division de l'armée d'Italie qui,
dès le 6 septembre, avait pris position à Hyères et
Solliès. Bien qu'on manquât d'un équipage d'artillerie [2],
on entreprit sur le champ l'investissement de la ville
avec les ressources dont on pouvait disposer : le
7 septembre, les gorges d'Ollioules étaient occupées
par Carteaux après un combat de quatre heures : c'est
dans cet engagement que le chef de brigade de
Dommartin qui commandait la 17e compagnie volante
du 4e régiment d'artillerie [3], fut gravement blessé à
l'épaule gauche « au moment où il pointait une pièce
de 8 qui faisait un grand ravage parmi les ennemis [4] ».

Tandis que Carteaux, après avoir placé son canon

1. Le 7 juillet, à Valence, cette armée ne comptait que
1.754 hommes, dont 145 artilleurs (compagnies d'artillerie de
la Lozère, partie de Grenoble le 4 juillet, et d'artillerie légère
de Dommartin, en formation à Valence); elle reçut des ren-
forts à Montélimart le 11, au Pont-Saint-Esprit le 19 et à
Avignon le 29 (84 hommes d'artillerie dont les canonniers
allobroges et du Pont-Saint-Esprit); elle comptait ainsi, au
commencement d'août, *3.830* soldats.

2. Le matériel d'artillerie de Carteaux comprenait, d'après
un état du 8 août, 31 pièces : une de siège, deux de 16, deux de
14, deux de 12, deux de 8 long, deux de 8 court, sept de
4 long, treize de 4 court; Krebs et Moris, pièces justificatives,
pp. cxxxii et cxxxv.

3. Formée par décret du 15 avril 1793 ; Perrier, capitaine en
second, détaché à Marseille ; Muiron, lieutenant en premier ;
Duroc, en second.

4. Lettre des représentants Gasparin, Saliceti et Albitte à
la Convention, du Beausset 7 septembre ; de Coston, II, 223.

en batterie à une demi-lieue de Toulon, prenait ses mesures pour assurer la défense des côtes, couronnait toutes les hauteurs situées à l'ouest de Toulon, la Ciotat, Bandol, Saint-Nazaire, la rade de Brusq, Six-Fours et songeait à s'emparer des eaux au pied du fort Pomets pour communiquer avec l'armée d'Italie[1], le général Lapoype[2], qui commandait cette division, s'établissait à l'est, à Tourris, La Valette et La Garde, s'avançant jusqu'au cap Brun pour battre le fort La Malgue[3]. Le 13 septembre, les représentants du peuple écrivaient du Beausset : « Nous n'attendons que de la grosse artillerie qui est à Marseille et qui nous arrive journellement pour prendre une position d'où nous pourrons atteindre les vaisseaux avec des boulets rouges[4]..... Nous disposerons sur la côte des

---

1. Lettre de Carteaux au ministre, du 24 fructidor, 10 septembre : « Lorsque vous vous serez emparé des forts supérieurs, lui répondit Bouchotte le 19 septembre, *ainsi que des batteries de la rade*, vous parviendrez facilement à détruire les rebelles de Toulon ». — Archives historiques.

2. Jean-François, comte de Lapoype, 1765 † 1851, général de division le 15 mai 1793.

3. Archives historiques de la guerre ; registre de l'État-major de l'armée, n° 1.

4. Les vaisseaux anglais ont été de suite l'objectif de l'armée ; ces mêmes représentants parlent, dès le 7 septembre, de *brûler l'escadre* ; ils diront le 18 : « Les deux généraux sont d'accord sur le plan : les mesures sont prises pour brûler l'escadre anglaise ou la forcer à la retraite... » De Coston, II, 224. — « Il n'est personne, suivant Dugommier, qui, connaissant Toulon et ses défenses, ne vit que son côté faible était celui d'où l'on pouvait approcher les escadres combinées et diriger sur elle des bombes et des boulets rouges..... » Mémoire sur la prise de Toulon ; de Coston, II, 246.

forges et des grils, disent-ils ailleurs, pour brûler
l'escadre anglaise ou du moins la forcer à la retraite [1] ».

Aux demandes d'artillerie formulées par Lapoype,
Carteaux répondait [2] le 16 : « Envoyez-moi sur le
champ le citoyen Sugny [3], lieutenant-colonel commandant votre artillerie, pour se concerter avec le citoyen
Dommartin, colonel commandant l'artillerie qui est
sous mes ordres ; ils se concerteront et ils verront ce
qu'il y a à faire pour vous procurer des secours ».

La première batterie fut construite sur la hauteur
de la Garenne : « Nous avons essuyé toute la journée
(du 18 septembre), écrivait le lendemain [4] Carteaux à

1. Lettre de Gasparin et Saliceti du 10 septembre. —
Archives historiques.

2. Il lui conseillait de réserver pour le cap Brun ses deux
pièces de 12 et ses deux pièces de 8 et de répartir ses dix
pièces de 4 entre les autres postes, en en plaçant deux à Tourris,
quatre à La Valette et quatre à La Garde. — Registre n° 1.

3. Jean-Marie-Vital Bonnay, comte de Sugny, général de
brigade 1797, de division 1799.

4. Ce même jour Carteaux écrivait de « Souliers » à
Bonaparte : « Je viens de recevoir votre lettre et je vous
envoie à la municipalité pour vous procurer tous les objets
que vous me demandès. Je vous conseille de bien placer vos
Bateries, de les fortifier avec deux pièces de vingt quatre, et
d'attendre pour les faire jouer que le vent soit bon, car ce
seroit perdre votre temps ; tant qu'à l'autre mortier je viens de
le faire partir du Bausset et vous les fairès placer tous les
deux dans la nuit prochaine. Faites bien rougir et établir votre
forge pour que les boulets soient bien chauffés. L'Allobroge
vient de me dire que leur Batterie a tiré sur nos pièces qui
sont sur le grand chemin, il faut prévenir le danger qu'elles
courent d'être démontées et leur faire des épaulements ». On
voit que la lettre à la Convention n'est que le résumé de celle-

la Convention, le feu de deux vaisseaux de guerre, de deux frégates et d'un ponton et de plus le feu croisé d'une redoute qu'ils ont établie sur l'ancienne poudrière, entre la rivière et Toulon. Nous avons répondu d'une redoute que j'ai établie entre la chapelle et la route avec deux pièces de 24 et deux de 16... . La nuit nous avons établi deux forges, fait placer deux pièces de 24 de plus et travaillé aux épaulements[1] ». Une lettre plus explicite des réprésentants Gasparin[2] et Saliceti[3] au Comité de Salut public donne le nom du remplaçant de Dommartin à cette date : « Vous verrez, disent-ils le 20 septembre, par la lettre que nous écrivoit hier le citoyen Buonaparte, capitaine d'artillerie qui étoit destiné à l'armée de Nice, mais que la blessure de Dommartin nous a obligé de retenir ici pour commander, la situation d'hier et les dispositions pour aujourd'hui[4] »...

Depuis la réduction d'Avignon, Napoléon avait toujours conservé son contact avec l'armée du Midi; on a une preuve évidente de ce fait dans l'approbation

ci : si Carteaux taisait dans l'une le nom de Bonaparte, c'était sans doute pour laisser aux représentants la responsabilité du choix qu'ils venaient de faire. — Registre n° 2.

1. Archives historiques de la guerre.

2. Thomas-Auguste de Gasparin, 1758 † 1793, ancien capitaine d'infanterie ; ses fils furent légataires de Napoléon Ier.

3. Christophe Saliceti, 1757 † 1809, originaire de Bastia, conventionnel.

4. Archives historiques ; ce ne furent donc pas, (comme on le dit dans le Mémorial de Sainte-Hélène p. 80), les notes que les comités de Paris trouvèrent aux bureaux de la Guerre sur le compte de Napoléon qui le firent choisir pour commander l'artillerie sous Toulon.

donnée le 18 août par les représentants Albitte et
Nioche [1] aux mesures prises par Carteaux « pour
ouvrir à main armée, à cause des rebelles qui infestent
les chemins, une route [2] par laquelle il répond de faire
parvenir à leur destination les convois de l'armée
d'Italie ».

C'est vraisemblablement le 17 septembre que
Bonaparte entra officiellement en fonctions [3] ; dès le
lendemain, il envoyait ses instructions :

<blockquote>

« *Au citoyen Gassendi, lieutenant-colonel
d'artillerie à Nice* [4].

« Ollioules, près du Beausset, le 18 septembre 1793.

« Le général vient de donner les ordres, mon cher
camarade, pour que vous vous portiez en toute dili-

</blockquote>

---

1. Pierre-Claude Nioche, 1751 † 1828, conventionnel.

2. Cette route ne serait-elle pas celle suivie par la 3e compagnie du 4e régiment d'artillerie qui, partie d'Avignon, fut le
8 septembre à Orgon, le 9 à Lambesc, le 10 à Aix et le 11 à
Trets, *où elle séjourna le 12 ?* Elle devait arriver le 21 à Antibes.
Comment ne pas remarquer la coïncidence qui existe entre
la date du séjour à Trets et celle de l'arrivée présumée de
Bonaparte sous Toulon ?

3. Bonaparte a dû arriver sous Toulon avant cette date ; il y
fut le 12, d'après M. Masson, II 478, (Mémoire pour servir à
l'histoire de France sous Napoléon, I, II) ; de Coston commet
une erreur manifeste quand il fixe cette date au 22 ; I, 265. —
Très-certainement il s'entendit avec Dommartin qui ne quitta
le Beausset que le 21, d'après une lettre écrite par ce dernier à
sa mère le 23 : « Le quartier général ayant été transporté à
Ollioules même, village sans ressources, j'ai pris le parti, le
21, de me faire ramener à Marseille ».

4. Cette lettre, capitale pour fixer la date où Bonaparte prit
le commandement de l'artillerie sous Toulon, avait été com-

gence à Marseille afin de travailler à la formation de l'équipage de siége.

« Notre camarade Muiron [1], qui y est, me fait des envois si mal réglés que je n'y puis mettre ordre dès qu'ils sont arrivés.

« Je vous prie de m'apporter tous les effets que j'ai laissés à Nice, ce ne doit pas être grand chose, je serai bien aise de vous voir et d'avoir occasion de travailler avec vous.

« Pellegrin [2] doit aussi venir, vous pourrez prendre la poste ensemble.

« Si vous pouvez me procurer un bon garde magasin et un bon conducteur de charroi, faites leur prendre la poste, qu'ils viennent ici, ils seront employés avantageusement.

« Je vous prie de ne pas m'oublier auprès de Dujard [3]; dites-lui que j'ai écrit à Paris par un courrier

muniquée par Mme Marey, née Gassendi, à la commission chargée de la publication de la correspondance de l'Empereur; elle fut supprimée par ordre de Napoléon III en juin 1857. La copie authentique en est conservée aux archives de la Guerre, collection Napoléon.

1. Jean-Baptiste Muiron, 1774 † 1796, lieutenant le 1er septembre 1792; tué à Arcole, colonel, aide-de-camp de Bonaparte.

2. Joseph Pellegrin, né en 1762, lieutenant au 4e régiment d'artillerie le 11 septembre 1793; général de brigade 1813.

3. Il est vraisemblable que cette lettre était relative aux besoins du siége, car on trouve dans la correspondance de l'Empereur, I, 11, un état signé Dujard relatif à des bouches à feu et munitions de guerre fournies par Nice et Antibes. Un maréchal de France dira de Dujard, à propos du rôle joué par cet officier en 1794 : « Un vieux général d'artillerie, nommé Dujard, était en possession du commandement en chef; malgré son peu de capacité, on ne voulut pas lui enlever le poste qu'il

que les représentans ont envoyé, afin d'avoir l'état qu'il
désire ; je lui ai écrit longuement il y a deux jours.

« Mes compliments à Feutrier [1].

                              « Buonaparte ».

« P.-S. Ma compagnie doit être partie. »

Mais laissons la parole au représentant Saliceti qui
disait, dans une lettre du 26 septembre [2], au Comité
du Salut public : « Dommartin blessé nous avait laissé
sans chef d'artillerie. Le hasard nous servit à mer-
veille : nous arrêtâmes le citoyen Buonaparte, capitaine instruit qui allait à l'armée d'Italie, et nous lui
ordonnâmes de remplacer Dommartin. Tout était prêt
le mardi soir (17 septembre). Pendant la nuit de
mardi à mercredi, le capitaine Buonaparte établit sa
batterie à la Guarène au-dessus des Poudrières... »
— Ici il faut ouvrir une parenthèse, car le nouveau
commandant de l'artillerie n'avait pas dû tracer la
batterie *de la Montagne* : une réquisition adressée le
16 septembre à la municipalité de Six-Fours lui
enjoint de fournir sur le champ trente travailleurs,
munis de pelles et de pioches, « pour être employés
par le citoyen Mathieu, capitaine d'artillerie à la

occupait... » Cette citation n'est rapportée ici que pour établir
le parti pris de traiter tous les supérieurs de Napoléon à cette
époque de vieillards incapables.

1. François-Claude-Joachim de Faultrier, depuis directeur
général des parcs des armées d'Italie et d'Égypte, général de
brigade 1799.

2. Recueil des actes du Comité de Salut public, F.-A. Aulard,
t. VII, p. 79 et 80.

redoute construite près la Côte[1] ». — « Dans la nuit de jeudi au vendredi, poursuit Saliceti, il établit une nouvelle batterie à Brégaillon, tout à fait sous la chapelle, au bord de la mer, pour écarter tout à fait les vaisseaux de cette partie de la rade : il y réussit parfaitement malgré le feu terrible de toute l'escadre... » En effet, l'axe de la première redoute de la Montagne était dirigé vers Toulon; Bonaparte reconnut aussitôt la nécessité de lui adosser une seconde batterie, dite des *Sans-Culottes*, orientée vers la hauteur du Caire et le fort de l'Aiguillette ; elle fut construite entre la chapelle et la mer, par la 17e compagnie volante, alors commandée par Desprès[2], capitaine en second[3].

Nous eûmes bientôt en batterie de ce côté[4] deux pièces de 24 à la Montagne et aux Sans-Culottes la fameuse couleuvrine de 44, trois pièces de 24 et deux mortiers marins; on y ajouta plus tard deux pièces de 36[5]. Le reste de notre canon était en batterie sur le grand chemin où dès le 19 septembre l'on construisait des épaulements[6] qu'il fallait réparer le 1er octobre :

1. Archives historiques, registre n° 2; Guerre.

2. Claude-Etienne Desprès, né en 1745, lieutenant le 8 juin 1792.

3. En l'absence du capitaine commandant Perrier, retenu à Marseille d'abord par une indisposition, puis par ses fonctions à l'arsenal. — Certificat publié par de Coston, II, 253.

4. Le feu des ennemis sur ce point dut être vif, car nous eûmes, avant le 27 septembre, le lieutenant en premier François tué à *la Montagne* et le lieutenant en second Echelain blessé *aux Sans-Culottes*; de Coston, I, 272.

5. Etat envoyé par Bonaparte au ministre le 24 brumaire, 14 novembre. Guerre, cahier d'extraits, 2 frimaire.

6. Lettre de Carteaux à Bonaparte.

Ginet, capitaine des Allobroges, commandait sur ce
point. L'opinion du général sur ces travaux est intéressante : « La Batterie des Sans-Culottes..., disait
Carteaux le 27 vendémiaire, 18 octobre, se trouve au
milieu de la petite rade, avançant directement dans la
mer, en face de la grosse tour, elle coupe de tems
en tems quelques mâts et maltraite les frégates [1] ».
Ce à quoi Michaud d'Arçon [2] répondit le 6 brumaire,
27 octobre : « Nos batteries placées entre la chapelle
et la route et surtout celle des sans-culottes sont
bonnes et bien placées pour empêcher le mouillage
des vaisseaux ennemis dans l'étendue de huit à
neuf cents toises seulement, à l'ouest de la petite
rade... Il est dit dans la lettre de Carteaux que ces
batteries ont coupé des mâts et maltraité des vaisseaux... sur quoy l'on observe que ce n'est pas
seulement à maltraiter que nous devons prétendre,
mais bien à brûler les vaisseaux [3] ».

Bonaparte ne méritait pas cette critique, car il vit
aussitôt que, pour se rendre maître de la Petite-Rade,
il fallait s'établir sur le promontoire du Caire qui
s'avance dans la mer entre les deux rades et les
domine comme le mont Faron menace la ville : « Tout
allait selon nos vœux..., poursuit Saliceti dans son
rapport du 26 septembre ; rien n'empêchait notre pas-

1. Archives historiques, Guerre.
2. Jean-Claude Le Michaud d'Arçon, 1733 † 1800, maréchal
de camp 13 juillet 1791, général de division 2 mars 1793 ; il
s'était distingué à Gibraltar en 1782 : méconnu à l'armée des
Princes en 1792, il rentra en France et devint le principal collaborateur de Carnot.
3. Archives historiques, Guerre.

sage par La Seyne pour aller occuper les hauteurs de
la pointe des Vallons et y établir une batterie d'où
nous aurions foudroyé toute la rade, sans prendre
même d'abord les forts de l'Eguillette et de Balaguier »...

Dans la correspondance du représentant du peuple,
nous voyons ainsi se dessiner une opération militaire,
dont la conception fait le plus grand honneur à
Bonaparte [1] ; cette tentative ne put réussir, il est vrai,
mais pourquoi, dira Saliceti [2] : « Parce que le général, que nous avions cru comprendre et adopter notre
plan, n'y avait aucune confiance, quoique celui que
vous aviez envoyé de Paris fût exactement le même...
Mais, si notre général n'a pas saisi le seul plan prati-
cable devant Toulon, les Anglais en ont saisi le danger pour eux et, le samedi soir (21 septembre), ils
ont débarqué du monde et se sont emparés des hauteurs et ont placé des pontons dans la grande rade
pour s'appuyer. Il était encore temps ce soir-là de les
débusquer... c'était une affaire de poste qu'il fallait
brusquer et enlever de vive force coûte que coûte...
Cela ne fut senti ni du général, ni du colonel qui
commandait l'expédition ; on mena peu de monde qui
se rebuta bientôt ; l'Anglais résista. Le lendemain, il
a formé des batteries, y a monté des pièces de 24...
nous regardons donc notre plan comme manqué [3] et

---

1. M. George Duruy a publié en tête du premier volume des
Mémoires de Barras une éloquente préface sur le rôle de
Bonaparte sous Toulon, pp. LII à LXXXI.

2. Lettre précitée.

3. Dans son rapport au ministre en date du 24 brumaire,
14 novembre, Bonaparte dira presque dans les mêmes termes :

l'expédition de Toulon... devient une affaire de longueur qui ne réussira plus que par le temps et par le nombre ». Telles sont les conditions dans lesquelles les Anglais construisirent sur le promontoire du Caire la fameuse redoute qu'ils appelleront *Fort Mulgrave* et que les Français nommeront *Petit-Gibraltar*.

Parlant de l'insuccès de cette opération, Bonaparte écrira au ministre le 24 brumaire, 14 novembre, avec une simplicité qui fait son éloge plus encore que la lettre de Saliceti : « Les ennemis risquèrent le tout pour le tout et débarquèrent à l'Eguillette ; ils eussent dû être écrasés dans leur descente ; la fatalité ou notre ineptie voulut qu'elle leur réussît [1] »... A partir de cette date du 22 septembre, quel sera le but du commandant provisoire de l'artillerie sous Toulon ? Lui-même l'expliquera en quelques mots : « Je n'épargnai rien pour pousser de front les préparatifs pour l'attaque de l'Eguillette et la formation du grand équipage ».

Il semble qu'il y ait eu alors quelque divergence dans les vues de Bonaparte, d'une part, de Gasparin et de Saliceti, d'autre part, au sujet de la conduite des travaux. Le premier songe à s'emparer avant tout du promontoire du Caire, comme préliminaire, puis, dans le cas où le succès de cette opération ne donnerait pas la ville, ainsi qu'il l'espérait, à tourner ses batteries contre Toulon même. Les représentants

« Je compris que l'affaire de Toulon était manquée et qu'il fallait se résoudre à un siége ».

1. Correspondance de l'Empereur, I, 9.

du peuple paraissent désirer entreprendre immédiatement un siége régulier ; c'est ainsi qu'ils diront au Comité de Salut public le 9 vendémiaire, 30 septembre : « Bonna-Parte le seul capitaine d'artillerie qui soit en état de concevoir ces opérations a déjà trop d'ouvrage de la conduite de toutes les parties de l'artillerie, occupés-vous donc de nous envoyer incessamment un ingénieur en état de soumettre une place de la première importance et de faire comprendre, s'il est possible, son projet au général [1] ». — « Nous vous renouvelons avec instance, répétera Gasparin le 9 octobre, la demande d'un ingénieur en état de conduire le siége de Toulon, car il n'est plus douteux que nous serons obligés de l'entreprendre dans toutes les règles [2] ». — Bientôt, le 12, ils réclameront un véritable général en chef, ajoutant : « Nous sommes donc dans la plus mortelle inquiétude et nous craignons que le palliatif que nous vous avons proposé d'envoyer un bon ingénieur pour conduire Carteaux ne soit insuffisant [3] ». On sait que ces vœux ne furent réalisés que le 16 novembre : en attendant il fallut, pendant un mois et demi, poursuivre les travaux sans que le personnel fût augmenté et en se contentant des convois qui arrivaient lentement sous les murs de la place.

1. Archives de la guerre.
2. Gasparin au Comité, Aulard, VII, 338.
3. Gasparin et Saliceti au Comité, Aulard, VII, 392. — On voit que Napoléon, dont l'énergique élan vers le promontoire du Caire aurait dû nous assurer Toulon, ne possédait pas encore, au dire des représentants, toute l'érudition technique nécessaire pour un siége aussi important.

A l'est, pendant ce temps, Lapoype resserrait l'investissement en portant des troupes et de l'artillerie au Revest. N'ignorant pas qu'une surprise avait failli donner la rade à la division de l'ouest, si elle avait pu s'établir sur le promontoire du Caire, il tenta, de son côté, un coup de main qui pouvait nous livrer la ville : le 10 vendémiaire, 1er octobre, il s'emparait de la hauteur du Faron, mais se trouvait dans la nécessité d'évacuer cette position le soir même. Aussitôt il était mandé au quartier général par Carteaux qui lui donnait l'ordre de remettre le commandement au général La Barre[1]. Il fut reconnu qu'on avait manqué d'un bon corps de troupe pour soutenir cette opération et négligé l'établissement d'une batterie afin d'appuyer l'infanterie[2].

Quelques indications géographiques s'imposent au moment où commencent les grandes opérations du siége de Toulon : on connaît la situation exceptionnelle de ce port, tout environné de hauteurs et dissimulé au fond d'une vaste baie que limitent la pointe de Carqueyranne à l'est, et le cap Sicié à l'ouest; à l'intérieur de ce golfe, une presqu'île et un promontoire viennent former deux rades, comme pour mieux défendre l'entrée du port et abriter les vaisseaux qui s'y trouvent. La première ou Grande-Rade est bornée par la presqu'île Cepet, dominée par la hauteur de

---

1. André La Barre, général de brigade 22 août 1793.
2. Gasparin et Saliceti au Comité le 4 octobre; Aulard, VII, 226. — C'est à cette affaire que se distingua le chef de bataillon Victor Perrin, depuis duc de Bellune, 1766 † 1841, maréchal de France.

la Croix des Signaux et reliée, à l'ouest, à la terre ferme par l'isthme des Sablettes ; cette rade est largement ouverte à l'est, mais au nord, vis-à-vis de la presqu'île, le cap Brun avec sa batterie en protège l'entrée.

Au nord-ouest de la Grande-Rade, un détroit, nommé le Goulet, donne accès dans la Petite-Rade : celle-ci est limitée, à l'est, par la croupe du Mourillon au pied de laquelle, du côté des terres, s'assied le fort La Malgue et dont les pointes méridionales sont occupées par la Grosse Tour et le fort Saint-Louis, construits de chaque côté de l'embouchure de l'Eygoutier. En face et au sud, s'avance le promontoire du Caire avec la hauteur de Grasse dont les angles extrêmes, vers l'est, sont défendus par le fort de l'Aiguillette et la tour de Balaguier : de ce côté une grande redoute manquait pour servir, en quelque sorte, de contre-poids au fort La Malgue ; les Anglais y ont pourvu en élevant le fort Mulgrave. C'est autour de cette rade et sur les hauteurs qui l'environnent que viendront converger les principales opérations.

En face du Goulet, au milieu et au fond de la Petite-Rade, un plateau, compris dans le delta que forment le Las et la Rivière-Neuve, vient la rétrécir : il est occupé par les forts Malbousquet et Missiessy à proximité desquels se trouvent les poudrières de Millau et de la Goubran. A la droite du delta, Toulon apparaît avec ses deux ports ; plus loin et vers la gauche, on aperçoit La Seyne et sa baie.

Derrière Toulon se dresse le terrible contrefort du

Faron, tout hérissé de redoutes ; à sa base, près de la ville, vient prendre place le camp retranché de Sainte-Anne, flanqué à droite des forts l'Artigues et Sainte-Catherine, à gauche des deux forts Saint-Antoine. A l'ouest du Faron, le Bau des Quatre-Heures s'élève avec le fort des Pomets, s'appuyant au massif de Croupatier. Pour arriver à proximité de Toulon, sans franchir, au nord, entre le Faron et Croupatier, le défilé de Saint-Antoine où coule le Las, il faut descendre la route de Solliès dans la direction de La Valette ou de La Garde, séparées par le Thouars : c'est le chemin du nord-est qui servit à la division Lapoype, ou bien il faut passer par les gorges d'Ollioules en venant du Beausset : tel a été l'itinéraire de l'armée de Carteaux.

Le 16 vendémiaire, 7 octobre, le poste des Sablettes était enlevé par les Anglais, puis aussitôt repris [1]. Cette tentative démontra la nécessité de fortifier cette position qui commandait le promontoire du Caire et l'isthme de la presqu'île Cepet, en y établissant deux batteries, la première à l'est de la plage de *Faubrégas* à laquelle on travaillait dès le 21 vendémiaire, 12 octobre [2], la seconde sur la hauteur, vis-à-vis du Petit-Gibraltar, au nord de la précédente ; cette dernière batterie conserva le nom *des Sablettes :* le citoyen Pacthodt, chef du 2ᵉ bataillon du Mont-Blanc,

---

1. Archives historiques, Aulard, VII, 294, 337.
2. Date d'un ordre à une compagnie de marins de se transporter au *Bréga* (ou Bréguart) pour y défendre les travailleurs contre une descente.

y commandait[1] : dans la nuit du 22 au 23 brumaire, 12 et 13 novembre, la batterie des Sablettes fera un feu terrible sur la redoute anglaise[2], y fera sauter un magasin et favorisera la construction de la fameuse batterie des Hommes-sans-peur.

En même temps, pour que ces deux positions ne se trouvassent pas trop isolées par rapport au groupe de Brégaillon, on élevait une cinquième batterie en seconde ligne, *aux Quatre-Moulins*, derrière La Seyne et à sept cents toises de la redoute : elle balayait toute la plaine, au dire de Carteaux[3]. Ce nouveau groupe de batteries recevra le canon suivant : Faubrégas, une pièce de 36, deux de 24 et un mortier marin; les Sablettes quatre pièces de 24 et les Quatre-Moulins deux pièces de ce dernier calibre[4]. Tous ces travaux ne purent être menés à bien que grâce à l'établissement, par voie de réquisition, d'un atelier de fascines au Beausset : « Je vous prie, écrivait Bonaparte le 23 vendémiaire, 14 octobre, aux officiers municipaux de cette localité, de prendre en considération cet objet qui, s'il était négligé, arrêterait nos travaux[5] ». Quelques jours plus tard, le 1er brumaire, 22 octobre, deux pièces de 24 étaient prêtes à être mises en batterie dans une sixième redoute, dite de *la*

1. Le 28 vendémiaire, 19 octobre, il adressa au général des réclamations au sujet de changements ordonnés par Bonaparte dans l'armement de ce poste et obtint 8 pièces de 4 en plus.
2. Lettre de Saliceti.
3. Lettre du « 18 octobre, vieux style ».
4. État du 24 brumaire.
5. Archives de la Guerre, collection Napoléon.

Grande-Rade, située entre Faubrégas et les Sablettes [1].

L'ensemble imposant que présentait ce groupe de batteries permit d'établir une première redoute de seconde position, devant le Petit-Gibraltar, sur un mamelon dominé par le camp anglais : elle devait recevoir trois pièces de 16 et trois mortiers de 12 pouces; les travaux en furent terminés, mais les pièces n'y furent pas amenées sur l'ordre du général « parce qu'il croyait l'infanterie trop faible pour s'y soutenir [2] »; on l'avait appelée batterie des *Hommes-sans-peur*. Dans ces conditions Bonaparte ne put poursuivre son projet de construire deux autres batteries de seconde position dont l'une, déjà baptisée sous le nom des *Républicains-du-Midi*, devait battre les communications avec l'escadre et dont l'autre qui s'élèvera à la droite des Hommes-sans-peur, sera dénommée batterie des *Chasse-Coquins*.

Ainsi à la veille, pour ainsi dire, de l'arrivée des généraux Dugommier et du Teil, l'attaque de la grande

1. Il y avait devant Toulon le 27 vendémiaire, 18 octobre :

$$
\text{Canons de}
\left\{
\begin{array}{ll}
24 & 14 \\
18 & 4 \\
16 & 3 \\
12 & 3
\end{array}
\right\} 24
$$

$$
\text{Mortiers de}
\left\{
\begin{array}{ll}
12\ \text{p.} & 3 \\
8 & 1
\end{array}
\right\} 4
$$

Total des bouches à feu : 28.

2. État du 24 brumaire; correspondance de l'Empereur, I, pp. 6 et 7. — Cet ordre de Carteaux dut être donné au dernier moment, car une lettre de Saliceti, datée du 23 brumaire, annonce pour le lendemain l'ouverture du feu aux Hommes-sans-peur.

redoute que les Anglais avaient construite à l'ouest du fort de l'Aiguillette et de la tour de Balaguier entrait dans sa seconde phase et les travaux qui préludèrent à l'attaque définitive étaient commencés. On verra plus loin comment ils furent poursuivis sous la direction de du Teil. Tous les efforts ont été concentrés sur la rade et la redoute anglaise, « préliminaire du siège qui, au dire de Bonaparte, pouvait donner la ville » [1].

Mais du côté occidental de Toulon, défendu par le fort de Malbousquet, nous n'avions encore que les premières batteries établies sur le chemin [2] et la batterie de la Montagne construite le 18 septembre sur la hauteur de la Garenne [3]. Dans son projet d'opérations du 24 brumaire, 14 novembre, Napoléon parle de bombarder Toulon de la hauteur des *Arènes*, en approchant à huit cents toises de la ville, sans passer la rivière Neuve : de ce côté les travaux avaient été commencés avant la fin de vendémiaire, ou plus exactement, vers le milieu d'octobre : « J'annonce au comité du salut public, dit Carteaux au ministre le 29 vendémiaire, que je suis à établir une superbe batterie entre le fort Saint-Antoine et la batterie des Malesques (?) qui se trouve proche de l'ancienne poudrière, je ne suis pas à cinq cent toises de ces deux batteries ennemies et à plus de 800 de la ville, je

1. Plan d'attaque de Bonaparte joint à l'état du 24 brumaire.
2. Dites batteries du Laure.
3. Elle avait été abandonnée, car elle n'est pas citée dans l'état du 24 brumaire.

l'ai batisé batterie de la Convention nationale par ce qu'elle fout le tour aux ennemis [1] ».

Quand cette batterie ouvrit-elle son feu? Ce ne fut pas le 21 octobre, 30 vendémiaire [2]. comme le veut l'état des batteries établies devant Toulon conservé à la section technique du génie; car. quelque temps après, le 15 brumaire, 5 novembre, les représentants du peuple diront vaguement un mot d'une redoute à établir « à 600 toises de la ville qui dominera le fort Malbousquet et nous mettra à même de jeter des bombes dans la place » ; quatre jours plus tard, ils préciseront : « Nous sommes maîtres d'une position où nous sommes occupés à nous fortifier et d'où nous pourrons incendier les édifices de l'infâme Toulon en les désignant aux doits [3] ». En réalité, le chemin fut tracé et l'emplacement préparé; on transporta même les matériaux sur les lieux; mais les pièces destinées à l'armement de cette redoute restèrent au parc [4] : Bonaparte, on l'a vu, ne voulait ouvrir le feu contre

1. Lettre sans date classée au 29 septembre; mais il faut la reporter au 29 vendémiaire, 20 octobre, car, d'une part, Carteaux ne cite pas cette batterie parmi celles qui existaient le 18 octobre et, d'autre part, dans une lettre du 30 vendémiaire, 21 octobre, il parlera au Comité de Salut public de la construction d'une batterie de vingt pièces à huit cents toises de la ville.

2. Cette date a pu être choisie parce que Carteaux parlait de ces travaux dans une lettre adressée ce jour-là au Comité de Salut public.

3. Archives de la Guerre.

4. Cahier d'extraits de la correspondance militaire, 2 frimaire. — Plan du 24 brumaire. — Il y a dans la collection Napoléon un billet adressé de ce poste au général par Bonaparte, mais non daté malheureusement.

Malbousquet et Toulon qu'après la prise du promontoire de Caire. L'antagonisme qui existait sur ce point entre le général et le commandant d'artillerie amena « un état de stagnation » dont se plaignaient les représentants le 15 brumaire [1] et qui durait depuis une quinzaine de jours. C'est ce qui explique pourquoi vingt-trois pièces seulement avaient été mises en batterie alors qu'on aurait pu disposer, dès le 24 brumaire, de cinquante-trois bouches à feu [2].

Aussi Carteaux, particulièrement suspect d'avoir voulu diminuer le mérite de son État-major, avait-il cru devoir dire à Jourdeuil [3] le 6 brumaire, 27 octobre : « Je vous envoie sous ce pli l'état des officiers qui composent l'armée que j'ai l'honneur de commander devant Toulon, je vous préviens en même tems qu'ils sont tous bien neufs pour les places qu'ils occupent, mais la bonne volonté qu'ils montrent nous tient à peu près lieu de talens »... Ces reproches étaient vrais

1. Aulard, VIII, 249.
2. En voici l'énumération :

Bouches à feu	en batterie	existantes
Coulevrine de 44	1	1
Canons de 36	3	3
— de 24	13	19
— de 16	0	12
Mortiers marins	3	3
— de 12 p.	3	12
— de 8 p.	0	3
	23	53

(D'après l'état du 24 brumaire, puisque les pièces des Hommes-sans-peur étaient encore au parc à cette date.)

3. Adjoint au ministre.

surtout pour le général en chef; certainement ils
étaient immérités pour l'État-major particulier de
l'artillerie, composé comme il suit [1] :

Adjudant général, chef de brigade : Bonaparte;
Chef d'État-major : Muiron, capitaine commandant ;
Conducteur en chef des charrois, Dintroz [2], 1er lieu-
tenant ;
Adjudants majors : Talin [3], capitaine.
Junot [4], sous-lieutenant;
Adjudant-major du chef de l'État-major : Favas,
lieutenant.

Durant tout le siége de Toulon, l'arsenal créé à
Marseille rendit des services considérables au parc de
l'armée. L'on trouve d'abord pour diriger cet important établissement le capitaine Perrier [5] qui commandait en second la 17e compagnie et auquel Dommartin
avait dû assigner ce poste de confiance; mais, pendant une indisposition de ce capitaine, on le remplaça
un instant par Muiron, premier lieutenant au même

1. Archives historiques de la Guerre, correspondance.
2. Ancien sergent au 4e régiment, depuis capitaine et conducteur général des charrois à l'armée d'Italie.
3. Il avait servi au régiment de Strasbourg et était alors
capitaine d'une compagnie de canonniers de la garde nationale
de Romans.
4. Jean-Andoche Junot, depuis duc d'Abrantès, général de
division 1801.
5. Le 27 vendémiaire, 40.000 livres, remises à Gassendi pour
les besoins de l'arsenal, étaient épuisées; le 12 brumaire, pareille
somme fut de nouveau comptée au capitaine Perrier, sur l'ordre
des représentants, à charge de rendre, à la fin du mois, un compte
général de ces 80.000 livres : archives nationales, AF, II, 253.

corps ; ces fonctions convenaient peu à ce jeune officier que Bonaparte rappela bientôt sous Toulon où il rendit de sérieux services. Gassendi, mandé en toute hâte de Nice, vint remettre de l'ordre dans les convois et rendre à l'arsenal toute son activité. Entre temps Perrier s'était rétabli ce qui permit au commandant d'appeler, sous les murs de Toulon, Gassendi auquel il allait donner une mission importante :

« Au citoyen Gassendi [1]

« Ollioules, 27 vendémiaire an II [2], 10 heures du soir.

«... J'ai laissé Perrier à la tête de l'arsenal de Marseille... Si vous voulez venir à Ollioules, il faut que nous travaillions tout un jour ensemble. Si vous aviez de la répugnance à y venir, vous pourriez m'indiquer un endroit intermédiaire. Mais vous savez combien je suis nécessaire ici.

« ... Ne perdez pas un quart d'heure : envoyez-moi votre conducteur de charrois [3]. Je suis content de votre garde magasin, mais j'en voudrais encore un autre. Envoyez-moi votre conducteur à moins que vous ne veuilliez l'amener avec vous. Les choses sont ici dans le même état..... »

C'est donc Gassendi [4] qui, avec Bonaparte, collabora

1. Lettre communiquée par Mme Marcy à la commission dont il a été question p. 147, note 4, et supprimée par Napoléon III,
2. 18 octobre.
3. Une pièce portant « Organisation et règlement pour l'attelage des parcs d'artillerie attachés à l'armée dirigée contre Toulon » à Marseille, le Beausset, Ollioules et Solliès fut approuvée par Saliceti ; archives nationales, AF, II, 253.
4. Peu d'officiers auraient été aussi bien préparés que Gassendi à ce genre de travail ; dans son aide-mémoire paru en

à l'établissement du projet de grand équipage pour le siége : le 23 octobre, 2 brumaire, il part en mission, sur un ordre des représentants du peuple, pour activer l'organisation et la mise en route des convois d'artillerie destinés à l'armée sous Toulon; on a vu plus haut qu'il était à Grenoble dès le 1er novembre. A la suite de cette journée de travail passée avec Gassendi suivant la lettre du 27 vendémiaire, Bonaparte put informer avec certitude les représentants du peuple des besoins du siége :

« L'armée ne tardera pas à être composée de 30 mille hommes en comptant les deux divisions; à 200 cartouches [1] par homme, cela n'est pas trop, et cela fait cependant 150 milliers de poudre, c'est-à-dire 38 milliers de plus que nous n'en possédons, et si l'on continue à gaspiller les cartouches, à ne pas vouloir suivre les règles prescrites par la loi, à crier plus fort que les soldats du moment que l'on retardera la livraison ou qu'on la refusera parce que les différends corps ne seront pas en règle, si j'ai à la fois à combattre

1789, il avait rédigé des projets d'équipage d'armée et de siége d'après les meilleures données : c'est un dictionnaire vivant que Bonaparte put ainsi consulter; les deux pièces du 22 octobre émanées du futur empereur prouvent quel parti il sut tirer de Gassendi avant son départ. — L'arrêté des représentants en faveur de Gassendi est du 27 vendémiaire, mais le droit de réquisition lui fut donné seulement le 2 brumaire : il en usait, dès le 9, à Valence où il requérait trois affûts de 24, trois affûts de 16 et dix milliers de poudre ; des mesures furent prises aussi pour qu'il ne manquât pas d'argent au cours de sa mission ; archives nationales, AF, II, 253.

1. Dès le 1er octobre, 10 vendémiaire, Bonaparte avait demandé deux artificiers pour fabriquer des cartouches.

les officiers, les commandants des ailes et encore le grand État-major de l'armée, si tous ceux qui sont d'un grade supérieur peuvent me dire « je veux » concevez qu'il faudra 400 cartouches par tête, c'est-à-dire 180 milliers de plus que nous n'avons. Vous voyez d'après ceci, citoyens représentants, les sollicitudes que vous devez vous donner pour organiser cette armée et pour maintenir toutes leurs armes dans leurs fonctions...

« Je vous le répète, l'on ne peut pas commencer la première batterie devant Toulon qu'il n'y ait 600 milliers de poudre et l'espérance d'en avoir plus [1] ».

Le jour même où il écrivait cette lettre, le 22 octobre, 1er brumaire, pour être exactement renseigné sur l'état de son petit équipage, Bonaparte avait donné à Talin, son premier adjudant-major, l'ordre de passer une revue du matériel existant dans chacune des batteries établies :

« Il est ordonné au citoyen Talin de se transporter aux différentes batteries, de prendre la note des objets inutiles qui s'y trouveraient.

« De prendre la note des charriots cassés, débris de timons, de roues, etc.

« De voir combien il y a à la *Sans-Culotte* de boulets inutiles.

« De demander à chaque batterie combien d'aunes de toile cirée ils ont besoin pour garantir de la pluie le magasin à poudre.

---

1. Musée des archives nationales, Paris, Plon, 1872, 1 vol. in-4 ; p. 785.

« Le commandant de chaque batterie fera faire des magasins capables de contenir cent coups par pièce, et fera en sorte de le mettre à l'abri de l'humidité.

« Il s'informera au *Brigat* si les canonniers marins de Saint-Nazaire s'y sont portés et qu'est-ce qui s'oppose à ce que leurs pièces soient en batterie à la batterie de la *Grande-Rade*.

« Buonaparte ».

« Il prendra l'état des approvisionnements des pièces de 4 en fer.

« Il prendra une note du nombre d'hommes qui existe à chaque batterie [1] ».

Le 17 novembre, 27 brumaire, Doppet partait pour l'armée des Pyrénées Orientales ; Dugommier prenait la direction supérieure du siége, et du Teil était investi du commandement de l'artillerie. Dès le lendemain, le nouveau général en chef faisait demander à ce dernier de lui envoyer dans la journée l'état des munitions et des artilleurs [2] ; les représentants du peuple s'abou-

---

1. De Coston, I, 282 et 283.

2. « 28e jour du 2e mois (18 novembre).

« Au citoyen Dutheil, général divisionnaire de l'artillerie.

« Vous voudrez bien, citoyen général, faire passer dans la journée au général en chef l'état des munitions de guerre existant dans cette armée. Vous voudrez bien aussi y joindre l'état des artilleurs qui sont à votre disposition ». (Archives historiques, Guerre). — Ainsi tombe, en face d'une pièce officielle l'assertion de M. de Coston (I, 293) qui prétend n'avoir trouvé de trace du commandement de du Teil qu'à partir du 26 novembre. On verra plus loin que ce commandement ne fut pas exercé d'une manière problématique, comme il le pense.

chaient aussi avec lui ; en effet Saliceti écrivait au Comité de Salut public le 27 brumaire : « Les artilleurs qui auraient dû être les premiers ne sont pas encore arrivés. J'ai pris, *d'après la demande du général Du Teil*[1], le parti d'envoyer un courrier extraordinaire à Grenoble pour presser leur départ ». Mais, reconnaissant la distinction avec laquelle Bonaparte avait dirigé jusque là les opérations du siége, du Teil le conserva auprès de lui comme commandant en second[2] : d'ailleurs, il n'avait pas amené d'État-major et était simplement accompagné de ses deux aides-de-camp, MM. Noirot[3].

1. Cette pièce a été souvent reproduite en substituant au nom de du Teil la lettre D, suivie de plusieurs points : cette initiale se rapportant plus naturellement à Dugommier qu'à du Teil, on faisait ainsi disparaître une des preuves du commandement de ce dernier général ; comme ce sont les représentants du peuple qui, sur les conseils de ce même Saliceti, avaient confié provisoirement la direction de l'artillerie à Bonaparte, le membre de phrase que nous avons souligné est particulièrement significatif.

2. Le fait est positif : en dehors du témoignage de Marescot dans la relation imprimée du siége, il y a lieu d'invoquer l'aveu même de Napoléon qui, sur neuf bulletins journaliers des batteries conservés à la guerre, en signe sept avec la qualification de : « Commandant en second de l'artillerie ». — On n'a reproduit dans la correspondance de l'Empereur qu'un seul bulletin, en choisissant l'un de ceux ne portant que la signature de Bonaparte.

3. L'un d'eux, Jean-Baptiste, baron Noirot, 1768 † 1826, garde du corps du comte d'Artois, compagnie de Crussol 1788-1791, avait été nommé sous-lieutenant au 19e régiment de cavalerie le 25 janvier 1792 et avait épousé, le 17 février 1793, à Strasbourg, Marguerite du Teil, fille du général dont il fut nommé aide-de-camp le 4 mars 1793. Il fut promu capitaine le 10 nivôse an II, 30 décembre 1793.

Dès que le général Dugommier eut reconnu en détail la position de son armée sous les murs de la ville, il réunit, le 25 novembre, un conseil de guerre pendant lequel le plan définitif du siége fut arrêté : « le général d'artillerie du Teil, les généraux divisionnaires Lapoype et Mouret[1], les généraux de brigade Labarre et Garnier[2], les citoyens Buonaparte, Sugny et Brûlé, chefs de bataillon, et les citoyens Flavelle et la Mothe, capitaines du génie », étaient présents : le commandant du génie de Marescot, arrivé la veille seulement, n'avait pu y assister, mais prit néanmoins la direction immédiate des travaux.

Jusqu'à l'arrivée de Dugommier, il y avait eu, sous Toulon, deux armées pour ainsi dire : la première, l'ancienne armée du Midi, commandée successivement par Carteaux et par Doppet; la seconde, formée par une division de l'armée d'Italie, aux ordres de Lapoype; le lien qui les unissait était bien mince et ne consistait guère qu'en la hiérarchie qui subordonna un officier de carrière à ces généraux de rencontre[3] : la quasi-indépendance de Lapoype, à l'est, et le peu de détails que l'on possède sur les mouvements de ses troupes, d'une part, et, d'autre part, la présence du

1. André Mouret, général de brigade 19 août 1793, de division 13 octobre.

2. Pierre-Dominique, baron Garnier, général de brigade 12 septembre 1793, de division 20 décembre.

3. On a vu page 346, note 18, les antécédents de Doppet; à propos des premières études de Carteaux, il n'est pas sans intérêt de noter que, le 2 juin 1791, Louis XVI donna l'ordre de payer la somme de 6.000 livres « au peintre Cartault pour le tableau qu'il a fait représentant le roi à cheval ».

futur empereur, à l'ouest, comme commandant en second de l'artillerie du siége, font que l'on n'a vu souvent, dans cette opération militaire, que l'œuvre de l'armée du Midi. Le plan élaboré dans la séance du 25 novembre établit clairement cependant qu'une rude besogne fut réservée à la division d'Italie, chargée de s'emparer du mont Faron : cette position nous ouvrait les portes de Toulon, comme la prise du fort Mulgrave dont la gloire revient entièrement à l'armée du Midi, nous rendait maîtres de la rade : c'est en menaçant à la fois la ville et la flotte que le triomphe nous fut assuré.

Le plan que Bonaparte[1] avait envoyé au ministre le 24 brumaire, 15 novembre, sur la manière de conduire les opérations du siége à l'armée du Midi et qu'il dut développer devant le conseil de guerre, fut modifié en ce sens qu'on décida de mener simultanément les deux attaques des forts Mulgrave et Malbousquet qui, dans la pensée de l'auteur du projet, devaient être successives : l'attaque de la redoute anglaise demeurait, il est vrai, la principale opération ; néanmoins, la fausse attaque contre Malbousquet pouvait éventuellement se transformer en une attaque véritable, dans le cas où les événements permettraient de s'emparer de ce fort. A l'est, on adopta la manière de voir de Lapoype qui, dès l'ouverture du siége, avait le Faron pour objectif ; mais on décida de masquer cette intention en établissant une redoute chargée

---

1. Son premier plan du 25 octobre proposait aux représentants l'attaque simultanée de l'Aiguillette et *du cap Cepet*.

de battre simultanément le cap Brun et le fort La Malgue[1]. Les deux dernières résolutions prises par le conseil semblent avoir été inspirées par l'hypothèse plus que vraisemblable de la transformation de l'attaque de Malbousquet : elles visaient l'établissement d'une redoute de protection pour la batterie de la Convention, dirigée contre ce fort, et la construction d'une batterie de mortiers du même côté pour bombarder Toulon au moment considéré comme opportun[2].

L'attention du nouveau commandant en chef de l'artillerie se porta immédiatement sur l'attaque de Malbousquet. absolument négligée jusque-là, puisque la seule batterie qui existât de ce côté, celle de la Montagne, n'était devenue, pour ainsi dire, qu'une annexe de la batterie des Sans-Culottes. Du Teil fit reprendre, pour l'achèvement de la batterie de la Convention, les travaux commencés sur le plateau des Arènes et qui avaient été suspendus, il fit tracer simultanément sur le plateau de la Goubran une seconde redoute qu'on dénommera batterie *de la*

1. Dugommier dans son mémoire sur la prise de Toulon résume ainsi le plan : le conseil de guerre «décida qu'on attaquerait la redoute anglaise, comme la clef du promontoire; qu'en même temps on se porterait sur Faron, et que, dans tous les autres postes de la république, on simulerait à la fois des attaques qui présenteraient le plan d'une attaque générale »; de Coston, II, 246 et 247.

2. Le procès-verbal de la séance se termine par une approbation complète donnée à toutes les batteries construites antérieurement : « 8º. Les membres du conseil approuvent l'établissement des batteries qui ont été faites ». Correspondance de l'Empereur, I, 14. Le général Iung a supprimé ce dernier paragraphe, II, 391.

Poudrière ; les travailleurs furent protégés. du côté de Malbousquet, par un poste important établi sur la hauteur des Gaux, entre les plateaux des Arènes et de la Goubran ; afin d'éloigner les vaisseaux de cette partie de la Petite-Rade que la batterie de la Montagne ne pouvait balayer, il fallut construire une troisième batterie, dite *de la Petite-Rade* [1], entre le plateau de la Goubran et la hauteur de Brégaillon ; c'est ce que Saliceti annonçait au Comité de Salut public dès le 30 brumaire, 20 novembre : « On travaille à force à des nouvelles batteries contre Malbousquet ; elles vont être achevées dans trois jours [2] ». Mais, en réalité, la batterie de la Convention, la première prête. sans doute parce qu'on utilisa les travaux déjà entrepris de ce côté, ne put ouvrir le feu que le 28 novembre, 8 frimaire [3] : elle était armée de sept pièces de 24, qui tirèrent de quart d'heure en quart d'heure un coup contre Malbousquet [4].

Ce même jour on commença un retranchement pour relier au poste de la Farinière cette importante position : immédiatement, des bâtiments, que les deux pièces de 24 de la Petite-Rade. en batterie le lendemain

1. Le 12 frimaire, 2 décembre, « un ponton jette dessus quelques obus, fait sauter un caisson et se retire après huit coups de canon »; Bulletin des Batteries du 12 au 13 frimaire.
2. Archives historiques.
3. Relation de Marescot, 30 frimaire, succession Frosté : Lettre de Dugommier au ministre, 30 novembre : « Depuis deux jours, une batterie *essentielle* faisait feu sur Malbosquet et inquiétait beaucoup vraisemblement ce poste et ses environs ».
4. Bulletin des Batteries du 8 au 9 frimaire.

seulement, ne purent tenir à distance, tirèrent contre
la Convention cinq cents coups de canon, soixante
bombes et quatre-vingts obus, heureusement sans
effet[1]. Les travaux de la batterie de la Poudrière,
destinée à recevoir quatre pièces de 16 et trois mortiers, furent très-vivement menés, de manière à être
terminés le surlendemain 10 frimaire. Le 9, on attendait à la Petite-Rade une manœuvre des bâtiments
ennemis « pour profiter de l'occasion[2] ».

Il convient de faire remarquer ici que les travaux de
l'attaque de Malbousquet semblent avoir été poussés
avec plus de vigueur que ne le comportait le plan du
conseil de guerre : faut-il voir dans l'activité qu'on
déploya de ce côté le contre-coup des observations
de Barras[3] sur la conception du siége ou simplement
le résultat des réflexions du général du Teil? En tout
cas, Saliceti lui-même ne tarda pas à abonder dans ce
sens : « L'ennemi commence à sentir qu'il lui sera
difficile de tenir dans Toulon, écrivait-il le 10 frimaire,
30 novembre, au Comité du Salut public, aussitôt que
nos batteries dirigées contre Malbousquet joueront;
aussi a-t-il fait ce matin un grand effort pour s'en
emparer[4] »...

Cette sortie, organisée le 10 frimaire par la garnison
de Toulon, est connue; l'ennemi, maître des avant-

1. Bulletin des Batteries, archives historiques.
2. Bulletin du 8 au 9 frimaire.
3. Lettre écrite de Marseille au Comité le 9 frimaire,
29 novembre; il y est question d'un plan de Barras; Aulard,
IX, 56 et 57.
4. Aulard, IX, 73.

postes de la gauche et de cette batterie dont il encloua les pièces, fut vigoureusement repoussé par Dugommier et le général Garnier, qui allèrent, sous le canon de Malbousquet, enlever les tentes d'un camp évacué à leur approche [1] ; mais ce qu'on ignore généralement, c'est que le feu de la batterie de la Petite-Rade empêcha, pendant l'action, des pontons soutenus par des bombardes de débarquer des troupes à la Poudrière et que le canon de celle de la Montagne écarta des chaloupes qui portaient du renfort de l'Aiguillette à Malbousquet [2]. Rendant compte de cette journée au ministre, le général en chef disait en terminant : « Parmi ceux qui se sont le plus distingués et qui m'ont le plus aidé à rallier et à poursuivre en avant, ce sont les citoyens Buonaparte, commandant d'artillerie [3] ; Aréna [4] et Cervoni [5], adjudants-généraux ».

L'achèvement de la batterie de la Poudrière, contre laquelle l'ennemi fit un feu très-vif pendant la nuit du 9 au 10 frimaire, en fut retardé d'un jour ; l'importance de cette redoute fut telle qu'on dut bientôt,

---

1. Voir notamment la lettre de Dugommier au ministre, en date du 10 frimaire, 30 novembre (Archives historiques), reproduite par de Coston, II, 235-237.

2. Bulletin des Batteries du 9 au 10 frimaire.

3. Cette phrase a été souvent reproduite en attribuant à Bonaparte la qualification de « Commandant l'artillerie », au lieu de celle de « Commandant d'artillerie », notamment par le *Moniteur* du 17 frimaire, 7 décembre.

4. Joseph Arena, 1772 † 1801.

5. Jean-Baptiste Cervoni, général de brigade 14 janvier 1794 ; général de division 1798.

le 13 frimaire, augmenter son armement de six
pièces [1]. On reconnut aussi la nécessité d'établir une
batterie au poste de *la Farinière*; le chemin qui devait
le relier à la Convention et consistait en une gabion-
nade en ligne droite, à trois cents toises de Malbousquet, fut, sur la demande du commandant de l'artillerie, construit sous la direction de Marescot [2] : faute
de travailleurs pour la batterie elle-même, les quatre
mortiers qui devaient l'armer ne furent mis en place
que le 18 frimaire [3]. Ainsi fut terminé l'ensemble des
opérations qui, entièrement conduites sous le commandement de du Teil, devaient compléter l'exécution du plan du 25 novembre ; les efforts acharnés
dirigés par l'ennemi contre ces travaux pendant cette
période donnèrent à cette fausse attaque plus d'importance qu'à l'attaque principale du promontoire de
Caire : certainement, les batteries formidables qui
existaient contre Malbousquet furent la cause détermi-
nante qui engagea les Anglais à évacuer rapidement la
ville, aussitôt après la prise du fort Mulgrave.

Mais les travaux importants de Malbousquet ne faisaient pas perdre de vue l'attaque de la redoute
anglaise; on sait qu'un point faible dans la ceinture
des batteries de première position avait suspendu l'armement de la redoute des Hommes-sans-peur. Une
nouvelle batterie, dite *des Jacobins*, fut donc tracée
le 30 brumaire : trois mortiers et trois pièces y furent

1. Bulletins du 9 au 10 et du 12 au 13 frimaire.
2. Lettre de Marescot à Carnot, en date du 13 frimaire, et
Bulletin du 12 au 13.
3. Bulletin du 17 au 18.

placés le 9 frimaire [1], les mortiers furent tirés de la batterie des Sablettes qui avait besoin de réparations, mais ne cessa pas son feu contre la redoute; les batteries de la Grande-Rade et de Faubrégas furent augmentées de deux pièces de 24 [2], et du Teil prit des mesures pour mettre les redoutes des Hommes-sans-peur et des Jacobins à l'abri d'un coup de main [3].

Le 10 frimaire, 30 novembre, les batteries des Quatre-Moulins et des Sablettes firent un feu très-vif contre le Petit-Gibraltar; les redoutes de Faubrégas et de la Grande-Rade tirèrent quelques coups de canon contre des bombardes et des bâtiments; enfin le canon des Hommes-sans-peur démonta une pièce sur le cavalier; c'est ainsi que l'attaque principale participa dans une certaine mesure à la fameuse journée du 10 frimaire [4].

Mais le général du Teil n'avait pas uniquement à se préoccuper de la construction des ouvrages offensifs; il dut voir à tout : le 6 frimaire, 26 novembre, il adresse au capitaine Perrier, à Marseille, des instructions relatives à des convois d'artillerie [5]; il signale

1. Lettre de Saliceti, en date du 30 brumaire, 20 novembre; Bulletin du 8 au 9 frimaire.

2. Même Bulletin; deux bombardes s'étaient approchées du dernier poste et avaient jeté des bombes dans la plaine.

3. Comme le prouve un mot de Dugommier au général Victor : « Tu voudras bien faire rapprocher la ligne des Batteries des Hommes-sans-peur et des Jacobins. *Le général d'artillerie se plaint que ces mêmes batteries ne sont point assès gardées* »; 7 frimaire, 27 novembre; Registre de correspondance C. E.

4. Bulletin du 9 au 10; le citoyen Pétaud, sergent, commandait aux Hommes-sans-peur depuis la veille.

5. De Coston, I, 292.

au général en chef l'abus de consommation des cartouches qu'on ne pouvait parvenir à arrêter et dont les conséquences étaient d'autant plus fâcheuses que l'on négligeait à Marseille la confection des munitions, faute d'officiers pour la surveiller[1] ; le 15 frimaire, il réclame un dessinateur pour établir un grand plan de Toulon[2] : il revient sur cette demande le 18 frimaire et c'est seulement alors qu'on envoie un extrait de sa note au bureau des fortifications du ministère[3].

Dès le 12 frimaire, il avait dressé un état détaillé des besoins de son arme et l'avait transmis hiérarchiquement[4] ; ne recevant pas de réponse, il dut revenir constamment sur les mêmes questions ; il avait insisté auprès de Dugommier sur le petit nombre de soldats d'artillerie présents à l'armée : ils étaient exactement 1.656 le 21 frimaire, 11 décembre. « Je ne puis trop, citoyen ministre, écrivait-il à Paris le 18 frimaire, te réitérer le besoin où nous sommes d'officiers supérieurs, mon camarade *Bonaparte* et moy succombrons d'autant plus facillement que je ne puis presque

1. Lettres de Dugommier des 14 et 17 frimaire, 4 et 7 décembre, Archives historiques.
2. Bulletin du 14 au 15.
3. Bulletin du 17 au 18.
4. Lettre de Dugommier du 14 frimaire, 4 décembre. Du Teil disait dans cet état : « Personnel de l'artillerie : Grand État-Major... Dans ce moment nous ne sommes que deux ; qu'il nous arrive quelqu'accident, personne ne peut nous remplacer, le siége est suspendu, on languit.... Il faudrait donc six officiers supérieurs, autant d'adjudants-majors, un directeur du parc, un sous-directeur, un commissaire des guerres, un préposé du payeur général, vingt conducteurs des charrois... »

plus marché, ny monter à cheval. Je n'ay plus que la ressource de me faire porter dans les Batteries. Jusqu'à présent tout va bien [1] »… Deux jours plus tard il dira encore : « Citoyen ministre, je te rapelle le besoin où nous sommes d'une augmentation de cheveaux d'artillerie »… On songea cette fois à lui donner satisfaction, à en juger par l'apostille que voici : « Écrire aux dépôts de cette armée de leur faire passer des cheveaux [2] ». Mais ce n'est pas tout : « Les fourages manquent d'une manière allarmante, mande-t-il ailleurs,… Nous en avons même manqué pour l'aprovisionnement des bouchons nécessaires à la charge de nos pièces [3]… »

Le 14 frimaire [4] on s'attendait à être attaqué; dans la nuit du 14 au 15, Malbousquet fit un feu violent contre nos ouvrages : le jour permit de se rendre compte que l'ennemi travaillait à une redoute sur les hauteurs de Missiessy; il fut empêché de mener à bien cette entreprise par les canons de 24 des batteries de la Convention et de la Poudrière. Comme la fausse attaque semblait alors inquiéter suffisamment les Anglais, on reprit, contre le Petit-Gibraltar, une canonnade assez vive aux batteries des Quatre-Moulins, des Jacobins et des Sablettes : des Hommes-sans-peur on parvint à jeter quelques bombes dans la redoute.

1. Annexé au Bulletin du 17 au 18 frimaire ; le nom de *Bonaparte* a été souligné parce que c'est la première fois qu'il parait ainsi orthographié.
2. Bulletin du 19 au 20.
3. Annexe du Bulletin du 17 au 18.
4. 5 décembre ; Bulletin du 14 au 15 frimaire.

Du 16 au 17, l'ennemi tira très-vivement sur la Convention et, dans la matinée, tourna son feu contre la Poudrière ; du côté du promontoire de Caire, des obus vinrent tuer un homme aux Hommes-sans-peur et démonter une pièce aux Jacobins : dès le lendemain, ces deux redoutes recevaient chacune deux nouveaux mortiers de 12 à grande portée pour pouvoir répondre plus efficacement au feu du fort ; à la presqu'île Cepet, les Anglais construisaient au delà de l'Isthme une nouvelle batterie dont les travailleurs devinrent l'objectif du canon de Faubrégas [1].

On crut pouvoir commencer alors, auprès de la Convention, la construction de la dernière batterie d'obusiers prévue dans le plan du 25 novembre ; l'achèvement en fut retardé faute de bras : néanmoins les pièces y furent mises en place le 19 frimaire [2] : la veille, les quatre mortiers de la redoute de la Farinière avaient été amenés en batterie. Ces travaux avaient été aperçus de Malbousquet où l'on forma le projet d'élever un ouvrage avancé de ce côté : mais cette intention parut abandonnée après deux coups de canon qui, tirés de la batterie de la Convention, tuèrent l'un des deux ingénieurs envoyés pour tracer cette nouvelle redoute [3].

Les journées des 20, 21 et 22 frimaire furent assez calmes : la batterie de la Farinière ayant reçu un certain nombre de bombes le 19 et le 20, l'on y mit trois pièces de plus ; aux Hommes-sans-peur et aux Jacobins

1. Bulletins du 16 au 17 et du 17 au 18 frimaire.
2. Bulletin du 17 au 18.
3. Bulletin du 17 au 18.

l'on ajouta deux nouveaux mortiers de 12 pouces dans chaque redoute : soixante et une bouches à feu étaient ainsi en batterie le 22 frimaire [1] et l'on commençait du côté du promontoire de Caire la construction des deux dernières batteries : « Elles seront bientôt prettes », au dire de du Teil [2] ; sur cette affirmation, Dugommier dressa le 23 frimaire un ordre général [3] pour l'attaque des postes extérieurs :

« Le commandant de l'artillerie, y était-il dit, aura également à sa portée un dépôt de toutes les munitions et approvisionnemens relatifs à sa partie, soit pour le

1. Rapprocher ce chiffre de celui de l'état du 24 brumaire.
2. Apostille au Bulletin du 21 au 22 frimaire.
3. Voici, d'après les Archives de la guerre, l'état des forces sous Toulon le 20 frimaire, 10 décembre.

Division	Généraux	Soldats	
La Droite	La Borde*	8479	
Le Centre	Mouret	7159	22607
La Gauche	Garnier	6969	
L'Est	Lapoype	12347	
		34952 hommes	

Artillerie		Officiers	Hommes	
Artillerie	de la marine........	4	73	sans
Canonniers	de la Côte-d'Or.....	1	17	désignation.
—	de la Lozère........	1	18	
Artillerie	de ligne...........	15	413	en divers
—	de la marine........	16	279	lieux.
—	volontaire.........	27	418	
—	de ligne...........	»	117	division
—	marine............	»	39	de
—	volontaire.........	»	218	gauche.
		64	1592	
			1656	

*Claude Huc, dit La Borde, général de brigade 8 mars 1793.

N° 39 Alpes.

Ollioules le 24 frimaire l'an 2me

25

Artillerie

corr. M. 14 Xbre 1793.

Bulletin des Batteries

de ce qui s'est passé du 23 au 24.

Batterie dite.

Convention — L'artillerie quelques coups de canon

On a mis une 7me Pièce en Batterie.

Carrière — L'on a mis 2 Pièces de vingt-quatre en Batterie.

Les ennemis ont tiré toute la nuit, un Travailleur a été tué.

Poudrière — L'on met une Quatrième Pièce en Batterie.

Petite Rade — Les ennemis hors de la portée.

Montagne — Rien de Nouveau

Sans culottes — des ennemis hors de la portée.

L'on repare la Batterie.

La Seine — L'on a construit cette Batterie. L'on y met cette nuit

Trois Pièces de 24. et trois mortiers.

50 Bombes qui ont produit le plus   ont frappé leurs
          grand effet   fait taire l'ennemi.

Jacobins   Effet tiré 60 Bombes
Tablettes   Effet tiré 96 Coups de Canons.

Observé   Rien de Nouveau

G.al Anté   Les Vaisseaux sont hors de la Portée?

nos besoins sont toujours les mêmes
nous manquons de canonniers   Le Commandant en second d'Artillerie
de commandans d'artillerie et de...   de l'Armée devant Toulon
        Buz.al Duteil cadet   Buonaparte

jour de l'attaque. soit pour l'exécution rapide des
mesures provoquées par le succès de l'action et
dirigés tout de suite sur les vaisseaux. Ainsi il veil-
lera à pourvoir son dépôt de tous les moyens qu'exige
la prompte confection des Batteries à mortier et à
boulets rouges qu'exige le plan de l'attaque. Le corps
du génie se partagera. le commandant avec la plus
grande partie se tiendront à la droite et les autres au
centre. Tous les bataillons non armés seront rassemblés et on y réunira les citoyens qui se vouent aux
travaux. Le commandant du génie et celui de l'artillerie en disposeront. selon qu'ils le jugeront le plus à
propos, soit à porter des fascines, des sacs à terre.
des échelles. approcher des munitions, ou enfin à
coopérer à la confection des Batteries et retranchemens
nécessaires... » Ainsi. à la veille de l'affaire. du Teil
devait répéter au ministre, le 24 frimaire : « Nos
besoins sont toujours les mêmes. nous manquons
de canonniers. de commandans d'artillerie et de
chevaux [1] ».

Il est extrêmement difficile, sinon impossible, de
se rendre compte des mouvements de la division de
Lapoype et de l'établissement des batteries de l'est
sous la direction de Sugny : tout ce que l'on sait c'est
que le général s'était emparé le 15 octobre des hauteurs du cap Brun. sans pouvoir s'y maintenir [2], et
que le commandant de l'artillerie de cette aile disposait à Sainte-Marguerite le 21 frimaire, 11 décembre,

1. Apostille au dernier Bulletin du 23 au 24 frimaire.
2. Aulard. VII. 460.

de deux pièces de 24 et de deux de 16 et, pour battre le
cap Brun, de deux pièces de ce dernier calibre, avec
deux pièces de 12 et deux mortiers de 12 pouces. Cet
unique renseignement, dû à Bonaparte [1], semble indiquer que les deux principales redoutes de Lapoype
avaient été élevées au-dessus du fort Sainte-Marguerite et à l'extrémité méridionale du Thouars, près
du Collet de Gipon, au-dessus de la rivière de l'Eygoutier, afin de pouvoir battre simultanément le cap
Brun et le fort La Malgue; en dehors de Sainte-Marguerite, les premières positions occupées se trouvaient
sur le Thouars, près et à l'ouest de La Garde; à Bau-
douvin, derrière La Valette et sur les premiers escarpe-
ments de la montagne de Coudon, dans la direction
des forts du Faron; dans le voisinage et à l'ouest du
château de Tourris, de manière à enfiler le Pas de la
Masque par lequel le Faron était accessible du côté
septentrional; depuis, un poste avait été établi près du
Las, en amont de Dardenne, pour ruiner sans doute
le retranchement qui descendait du Faron dans la
direction du fort Pomets, sur la rive gauche du Las.
Deux dernières positions avaient été prises enfin de
l'autre côté de ce cours d'eau, pour battre le fort
Pomets et la redoute d'André, sur le revers oriental
du val des Gonds, à Monvallon, et auprès du Cap Gros,
à l'ouest du hameau des Pomets [2]. Sugny rendit de ce

---

1. État envoyé par Bonaparte à Dupin le 21 frimaire,
11 décembre; c'est la seule trace saisissable d'un rapport entre
les commandants en second de l'artillerie des deux divisions.

2. Voir la carte anglaise : Geometrical survey of the environs
of Toulon, William Faden, geograph to the king may 1794; le

côté de réels services ; aussi, nommé chef de bataillon par les représentants du peuple à l'armée d'Italie le 15 juin 1793, fut-il élevé au grade de chef de brigade par Barras dès le 28 frimaire an II [1].

Cependant, du côté de la division principale, les travaux étaient poussés avec la plus grande activité : les batteries de la Convention, de la Farinière [2] et de la Poudrière recevaient de nouvelles pièces, on réparait celle des Sans-Culottes ; les quatre principales batteries, dirigées contre la grande redoute de Caire, faisaient par leur feu taire celui de l'ennemi ; aux Quatre-Moulins et aux Sablettes, on avait tiré, d'une part, cinquante coups et, de l'autre, quatre-vingt-seize ; des Jacobins, soixante bombes avaient été lancées ; en deuxième position, la canonnade avait été plus violente encore : des Hommes-sans-peur, le plus grand effet avait été produit par cinquante coups de canon et cinquante bombes ; enfin la batterie nouvelle, voisine de La Seyne, qui reprendra le nom de Républicains-du-Midi, était construite et allait commencer à recevoir ses armements : dans la nuit du 24 au 25 [3], on dépêcha l'ordre suivant au lieutenant d'artillerie Vermot qui y commandait :

plan en français intitulé : Plan et carte des environs de Toulon dans l'état où tout se trouvait avant la reprise par les Français, à l'époque du 16 au 17 décembre 1793 ; ce document semble d'origine étrangère, car il porte une fleur de lys comme rose des vents.

1. Lettre de Barras au Comité de Salut public, 28 frimaire ; Aulard, IX, 509.

2. Un travailleur fut tué dans la nuit du 23 au 24 à la Farinière.

3 Bulletin du 23 au 24 ; voir le fac-similé.

« 25 frimaire an 2.

« Le commandant de la batterie des Républicains est prévenu que ce soir à 4 heures après midi l'on commencera à cannoner et que cela ne doit point empêcher les travailleurs de continuer leur ouvrage.

« A neuf heures, le feu aura cessé et l'on mènera les pièces en Batterie.

« Buonaparte,
« Duteil cadet[1]. »

La canonnade reprit donc le 25, à quatre heures du soir, favorisant l'achèvement de la dernière batterie, dite des Chasse-coquins, qu'attendait sans doute la batterie des Républicains pour commencer son tir; le 26, à deux heures et demie, ces deux redoutes ouvrirent leur feu contre le fort Mulgrave et le continuèrent jusqu'au lendemain matin; de l'aveu même des Anglais, « les ouvrages souffrirent beaucoup [2], le nombre d'hommes tués et mis hors de combat était considérable, le tems était pluvieux et la fatigue qui en résultait grande ».

Le 27 à deux heures du matin, le fort lui-même

---

1. Au bas : « Batterie des Républicains ».

Au dos : « Au commandant de la Batterie des Républicains ».

Archives du canton de Neufchâtel, B. 1451. — Copie en avait été communiquée à la commission; on crut devoir faire disparaître au cours de l'impression le nom du général du Teil. La lettre entière fut supprimée par ordre de Napoléon III.

2. « La redoute anglaise,... pendant la journée, avait été très-maltraitée par nos batteries »; Mémoire de Dugommier; de Coston, II, 247.

était attaqué et emporté par l'armée française : la garnison se retira à Balaguier où il y eut environ trois mille six cents hommes ; à peine le feu avait-il cessé de ce côté que le mont Faron était assailli à une hauteur de dix-huit cents pieds, par le revers de la montagne, considéré comme inacessible [1]. Ces deux échecs provoquèrent à Toulon la réunion d'un conseil de guerre qui résolut d'évacuer la ville ; les troupes qui étaient à Balaguier [2] furent embarquées et, dans la soirée, les postes qui dépendaient du Faron se replièrent. Pendant la nuit du 27 au 28, Missiessy fut abandonné sans ordres par les Napolitains qui l'occupaient, ce qui nécessita l'évacuation de Malbousquet [3] par les Espagnols ; dans la journée du 28, le poste du cap Brun se retira sur le fort La Malgue et le poste de la presqu'île Cepet fut embarqué. A ce moment, l'artillerie française ouvrit son feu contre Toulon des batteries abandonnées à Missiessy et à Malbousquet [4].

1. Copie d'une lettre du général David Dundas, datée du Victory, en la baie d'Hyères, 21 décembre 1793 ; Archives de la Guerre.

2. Marmont fut aussitôt désigné pour commander l'artillerie du promontoire de Caire ainsi évacué : « 28 frimaire an II. Il est ordonné au citoyen Vermot et à tous les canonniers qui sont aux républicains de se porter sur le champ au fort de l'Aiguillette où ils recevront les ordres du citoyen Marmont. Signé : Buonaparte » ; Archives de Neufchâtel, B. 1452.

3. « Le 27, la redoute de la Convention détruisit en majeure partie la grande batterie du fort Malbosquet, malgré les bordées que nous tirait le vaisseau le Puissant » ; Général Garnier, Archives historiques de la guerre.

4. « La place a été bombardée depuis hier midi jusqu'à dix heures, ce qui a précipité la fuite des ennemis et des habitants criminels ». — Les représentants du peuple au comité de Salut public, 29 frimaire ; de Coston, II, 241.

A dix heures du soir, les Anglais incendièrent les vaisseaux et l'arsenal; comme le fort Sainte-Catherine avait été évacué sans ordres, ils durent quitter la ville par la partie avancée de la rade et se rendre sous le canon du fort La Malgue où l'embarquement, commencé à onze heures du soir le 28, fut terminé le lendemain à la pointe du jour; cette dernière position effectua alors sa retraite et la flotte mit à la voile.

Le jour même, le général du Teil annonçait en ces termes l'événement au ministre [1] :

« Toulon, le 29 frimaire au matin (19 décembre 1793).

« Toulon est au pouvoir de la République; la lâcheté et la perfidie de ses ennemis est à son comble. La voix publique t'apprendra de l'artillerie ce que je dois te taire, mais il faut te dire qu'il n'est aucun soldat qui ne fut un héros : les officiers leur en donnèrent l'exemple. Je manque d'expressions pour te peindre le mérite de Buonaparte : beaucoup de science, autant d'intelligence et trop de bravoure, voilà une foible esquisse des vertus de ce rare officier. C'est à toi, ministre, de les consacrer à la gloire de la République.

« Je vais contremander tous les convois que la sagesse exigeoit et que la victoire rend inutiles; je travaille à donner à la côte une tournure respectable afin de prévenir par la suite les maux qui nous ont menacé et je m'occupe enfin d'un état inventorié de ce qui nous reste dans cette ville infâme pour t'en adresser copie [2] ».

1. Archives de la Guerre, siége de Toulon ; voir le fac-similé.
2. On verra que cet état fut envoyé par Bonaparte à Dupin.

Nº 20   Toulon le 27 frimaire an quatre

(4)   Le Général Dutheil le Jeune
au Citoyen ministre De la Guerre à paris —

Toulon est au Pouvoir De la république, la lâcheté et la
perfidie De se meurir en a fait tombée la voix publique
t'apprendra De l'artillerie (ce que j'ai te taire) mais il faut
te dire qu'il n'est aucun soldas qui ne fut un héros, ses officiers
leur en Donneroit L'exemple, je manque D'expression pour
te peindre le mérite De Buonaparte beaucoup De fierté autant
D'intelligence et trop De Bravoure voilà une faible esquisse Les
vertus De Ce rare officier C'en à toi ministre de Leur confiarie

je vais Contremander tous en ...

et que la victoire rend inutile je travaille à Donner à la Côte
une tournure Respectable afin De Prévenir par la suite
les maux qui vous ou[i] menace et je m'ocupe encore D'un être
inventorié De Ce qui nous reste Dans Cette ville infame pour
t'en adresser Copie

Le Général Divisionaire

MINISTÈRE DE LA GUERRE
ARCHIVES HISTORIQUES
DÉPÔT DE LA GUERRE

Pour être rigoureusement impartial, **il est indis-**
pensable de rapprocher cette lettre du jugement porté
par Napoléon Ier dans ses Mémoires sur le général du
Teil cadet[1] : « Doppet avait amené avec lui de Lyon
le vieux général de division du Teil pour commander
l'artillerie du siége ; mais Napoléon avait une mission
ad hoc du gouvernement ; il fut maintenu dans le
commandement... Le général du Teil cadet était un
bon homme[2]... n'entendant rien à l'artillerie ; arrivé
devant Toulon, il fut fort aise de se trouver débar-
rassé d'une fonction *qu'il était incapable de remplir*[3]
et que les circonstances rendaient bien chanceuse ».
Il faut avouer que la comparaison des textes dénote
quelque ingratitude de la part de l'empereur vis-à-
vis de son ancien supérieur ; il est nécessaire aussi de
faire remarquer que le général du Teil n'avait que
cinquante-cinq ans ; il servait dans le corps royal
depuis quarante-six ans, il avait commandé en chef
l'artillerie de l'armée du Rhin en 1792 et celle de
l'armée des Alpes pendant l'expédition du Mont-
Blanc en 1793 ; Bonaparte n'avait qu'une mission provisoire et dut remettre le commandement à du Teil

---

1. Correspondance de l'Empereur, Œuvres de Napoléon,
t. XXIX, p. 13. — Comme on le voit, il n'y a eu dans l'esprit
de Napoléon, au moment où il dicta son testament, aucune con-
fusion entre les deux généraux du Teil ; on lira plus loin, p. 433,
l'éloge qu'il fait de son ancien commandant d'École.

2. Le duc de Bellune qui, dans ses Mémoires, admet l'hypothèse d'un effacement plein d'abnégation de la part de du
Teil, dit du moins de ce général que c'était un officier de
mérite.

3. Ou *qui lui était à charge* ; Commentaires, I, 22, (1867).

dès l'arrivée de Dugommier le 17 novembre : ce passage des Œuvres de Napoléon contient, on le voit, bien des inexactitudes ; il ne le dicta, il est vrai, que le 9 septembre 1815, vingt-deux ans après le siége de Toulon[1], à une époque où, dans ses souvenirs, l'éclat de l'épopée impériale devait rejaillir jusque sur ses débuts. Ces phrases, prononcées sans doute au cours d'une improvisation rapide, n'étaient peut-être pas destinées à être recueillies, encore moins publiées. N'oublions pas de signaler avec quelle noble modestie, bien rare à son âge et à un moment où les phrases sonores étaient à l'ordre du jour, Bonaparte disait, dans une pièce officielle, le 27 thermidor an II : « J'ai servi sous Toulon avec quelque distinction[2] » !

Quant au rôle de l'artillerie dans le succès, Dugommier l'expliquera en deux mots : « Enfin le 26 du même mois (frimaire), nous crûmes être en état d'attaquer ; l'ordre fut donné et le feu de toutes nos batteries[3], *dirigé par le plus grand talent*, annonça à l'ennemi sa destinée ». Le général en chef avait suivi avec la plus grande attention les opérations de l'artillerie ; dès le 14 frimaire, il avait écrit au ministre : « L'ennemi travaille à l'entour de ses postes et nous nous *perfectionnons* les nôtres. Les batteries nécessaires à l'exécution du dernier plan d'attaque que je t'ai envoyé par un courrier extraordinaire sont presque entièrement achevées » ; il lui disait encore le 20 fri-

1. Mémoires de Sainte-Hélène, p. 94.
2. Requête du général Bonaparte.
3. Mémoire de Dugommier, envoyé le 8 nivôse, 28 décembre ; de Coston, II, 247.

maire : « Chaque jour, *notre position s'améliore* par
la perfection des batteries nécessaires à l'attaque des
postes extérieurs ». Aussi peut-il être ajouté une foi
entière à ses affirmations lorsque, sur le vu d'un
arrêté des représentants du peuple, il délivrera au
général du Teil le certificat suivant dont une copie
authentique est conservée aux archives administratives du ministère de la Guerre :

« Vu l'arrêté ci-dessus [1] qui permet au général
divisionnaire Duteil cadet, commandant en chef l'artillerie de l'armée dirigée contre Toulon, d'aller passer
dans ses foyers le tems nécessaire à rétablir sa santé :
convaincu moi-même que cette mesure est la seule

1. Voici cet arrêté (24 décembre) :

« Au nom du peuple français,

« Les représentants du Peuple envoyés par la Convention
nationalle près l'armée dirigée contre Toulon.

« Déclarent que le citoyen Duteil cadet, général divisionnaire d'artillerie, a bien servi au siége de Toulon et a mérité
l'estime et l'attachement des vrais républicains et, vû que sa
santé a besoin d'être soignée, l'autorisation de se rendre à Metz
son pays natal pour y rester jusqu'à ce que le ministre lui
donne une destination compatible avec sa santé, son âge et la
brûlante envie qu'il a de servir la République.

« Fait au quartier général de Toulon le 4 nivos an 2 de la
République une et indivisible.

« Saliceti, Ricord ».

Il est curieux de mettre cette pièce en regard du décret
rendu le 2 nivôse, 22 décembre, en faveur de Napoléon :

« Les représentants du peuple présents au siége de Toulon,
satisfaits du zèle et de l'intelligence dont le citoyen Bonaparte,
chef de bataillon au deuxième régiment d'artillerie, a donné
des preuves en contribuant à la reddition de cette ville rebelle,
l'en ont récompensé en le nommant général de brigade... »
Iung, II, 395.

qui puisse nous conserver un officier précieux *dont les services distingués au siége de Toulon mérite la reconnoissance nationale*, j'autorise ledit général et même l'engage à faire usage de cette permission jusqu'à ce que le conseil exécutif lui détermine un poste analogue à son état fâcheux et au désir qu'il a de mourir au service de la République.

« Déclare que ce général n'a cessé pendant le temps qu'il a demeuré à cette armée de donner des preuves de civisme, *qu'il a parfaitement rempli ses fonctions, dans son commandement en chef d'artillerie, et qu'il a démontré dans toutes ses dispositions beaucoup d'intelligence et de talents militaires.*

« Au quartier général du Fort de la Montagne le dixième nivos (30 décembre), l'an deux de la République.

« Le général en chef : Dugommier [1] ».

Cette pièce est définitive et établit clairement que le général du Teil ne s'est condamné, sous Toulon, ni à la nullité, ni même à l'effacement dont on a parlé à propos de la façon dont il a joué son rôle de commandant en chef de l'artillerie de l'armée du siége. Si, du côté de l'attaque principale, on ne peut lui attribuer que l'idée de la construction de la batterie des Jacobins, il a eu l'honneur de faire établir sous ses ordres toutes les batteries de l'attaque de Malbousquet : en effet, de ce côté, l'on n'avait exécuté avant le 29 brumaire que

---

1. « Pour copie conforme aux originaux restés au pouvoir du général Duteil ; le commissaire ordonnateur : Aubernon ».

les travaux préliminaires de la batterie de la Convention, en faisant les premiers terrassements et en préparant les matériaux nécessaires [1].

Certainement l'on ne voudra voir dans cette revendication aucune intention d'amoindrir la gloire que Bonaparte a acquise sur les bords de la Méditerranée : les services de guerre rendus par les membres d'une famille constituent pour elle un patrimoine d'honneur inestimable qu'elle a le devoir de conserver dans toute son intégrité. Le général du Teil fit d'ailleurs approuver sans réserves par le conseil toutes les batteries établies par son prédécesseur devenu son collaborateur : on a lu l'éloquent éloge qu'il lui décerna à ce dernier titre. Rabaisser le mérite militaire du général, contester la réalité du commandement exercé par lui, ce serait singulièrement diminuer la valeur du premier témoignage contemporain exceptionnel donné officiellement au génie naissant de Napoléon par un homme qui pouvait avoir intérêt à le dissimuler afin d'en confisquer à son profit, au moins dans une certaine mesure, les premières manifestations.

---

1. J'ai longtemps partagé moi-même l'opinion du duc de Bellune sur le rôle de du Teil sous Toulon ; c'est ainsi que dans un article sur Napoléon Ier et le général Gassendi, publié dans les Annales des Basses-Alpes, t. V, p. 356, je disais : « Le général du Teil, cadet, qui arriva à Ollioules le 16 novembre, pour diriger l'artillerie du siège, s'effaça, lui aussi, avec une rare abnégation, devant le futur empereur dont il connaissait les aptitudes remarquables ». Mais l'examen approfondi de toutes les pièces que j'ai consultées aux archives de la Guerre a entièrement modifié ma manière de voir.

Suivant l'avis qu'il en avait donné au ministre le 29 frimaire, du Teil écrivit le 2 nivôse, 22 décembre, au capitaine Perrier, commandant l'arsenal à Marseille, pour faire cesser la confection et l'envoi de divers objets d'artillerie qui lui avaient été démandés pour le siége[1]. Dès le 28 frimaire il « a envoyé un officier de son corps pour visiter les pièces d'artillerie laissées dans les différentes redoutes par les ennemis, voir l'état des munitions et assurer le service en y prenant la note de tout ce qui est nécessaire[2] » ; l'état inventorié définitif, annoncé dans la lettre de du Teil, fut envoyé par Bonaparte à Dupin, adjoint au ministre, le 4 nivôse, 24 décembre : à cette date, le général songeait à rentrer dans ses foyers, ainsi que l'établit le certificat qui lui fut délivré par les représentants du peuple[3] ; d'ailleurs, l'armée allait être dissoute par arrêtés des 5 et 8 nivôse. Quant à « l'inspection des côtes, depuis les Bouches-du-Rhône jusqu'à celles du Var », elle fut confiée à Bonaparte, le 6 nivôse, par les représentants ; le nouvel inspecteur se souvint des projets que du Teil et lui avaient formés en juillet, car « il fera établir des fours à reverbère, est-il dit dans l'arrêté de Saliceti, Barras et Fréron, partout où il en sera besoin » !

En attendant l'autorisation de rentrer à Metz, du

1. Notamment par du Teil, le 28 frimaire, 18 décembre, dans une lettre où il était dit que les Anglais commençaient à s'embarquer ; de Coston, I, 297, 299.

2. Archives de la Guerre. — Cette pièce, comme la lettre à Perrier dont il est question dans la note précédente, prouve que du Teil attendait des Anglais une plus longue résistance.

3. Ci-dessus, p. 189, note 1.

Teil fut envoyé dans les Alpes, sans doute pour y exercer les fonctions d'inspecteur général, ainsi que l'établit cette lettre du ministre :

« Paris, le 30 nivôse (19 janvier),

« An 2 de la République française une et indivisible.

« Le ministre de la guerre au citoyen Duteil cadet, général de division, inspecteur d'artillerie à Barcelonnette.

« Le conseil exécutif provisoire, ayant jugé à propos, citoyen, de te suspendre provisoirement des fonctions que tu exerces en qualité de général de division inspecteur d'artillerie tu voudras bien les cesser à l'époque de la réception de cette lettre et te conformer aux dispositions des décrets de la convention nationale des 5, 6, 11 et 20 du mois de septembre dernier en t'éloignant immédiatement des armées de la République et des frontières [1] ».

C'était « l'épuration parmi les nobles qui composaient l'armée » qui commençait. La Convention n'aurait pas dû oublier si vite que ses premières victoires avaient été remportées par des généraux sortis de cette classe dont le principal privilège avait été de verser si généreusement son sang sur tous les champs de bataille du monde, depuis l'origine de la monarchie française.

1. Archives administratives.

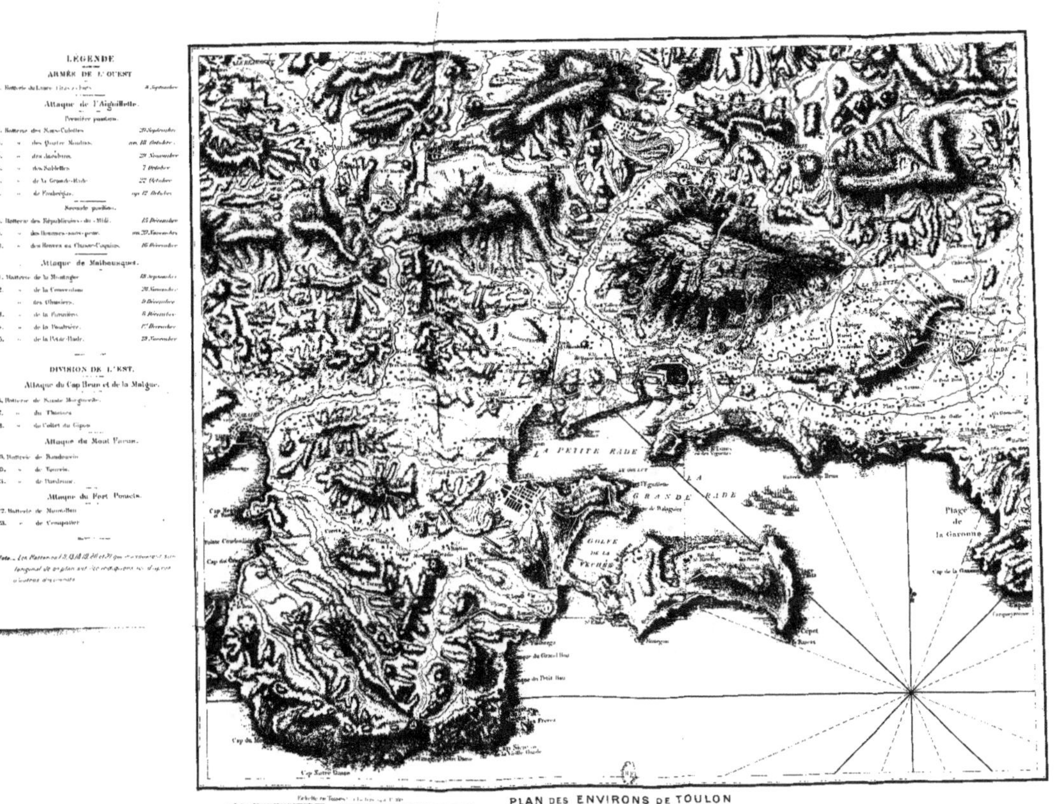

PLAN DES ENVIRONS DE TOULON

Gravé par THOMAS FOOT et publié par WILLIAM FADEN
Charing Cross Mai 1794

IX

LA TERREUR

CONDAMNATION DU BARON DU TEIL

Pendant que ces événements se passaient à Toulon, on vivait à Grenoble sous le régime de la Terreur : le représentant du peuple Petit-Jean[1] y avait constitué, au commencement de brumaire, un comité de surveillance, composé de vingt et un membres, dont le président était soumis à la réélection tous les quinze jours. Morenas, ancien procureur, l'un des présidents de cette société, ayant été destitué et incarcéré pour avoir « favorisé les aristocrates », les arrestations se multiplièrent[2].

Il y avait aussi, dans le chef-lieu de l'Isère, un agent du ministre des Affaires étrangères, nommé Chépy[3], qui voyait partout la trahison et professait

1. Claude-Lazare Petit-Jean, 1748 † 1794, député de l'Allier.
2. Deux années de l'histoire de Grenoble, 10 août 1792-27 juillet 1794, par Albin Gras ; Grenoble, 1 vol. in-8.
3. Pierre-Paul Chépy, né en 1770, ancien procureur au Parlement de Paris.

une haine spéciale pour le corps de l'artillerie. Dès le 15 septembre, il affirmait que les chefs de cette arme pactisaient, sous les murs de Lyon, avec les assiégés; le 27 octobre, 6 brumaire, il dénonçait l'état-major de l'artillerie comme ayant trahi dans le Mont-Blanc; le 11 octobre, il s'imaginait déjà que « les grosses épaulettes » de ce corps allaient faire « bien des efforts » pour retarder le siége de Toulon [1].

Le lieutenant général du Teil lui semblait particulièrement suspect : « Les officiers supérieurs de génie et d'artillerie sont ici détestables, comme partout ailleurs, écrit-il le 6 brumaire, 27 octobre. Du Teil, l'aîné, et Lagrée passent pour très-mauvais ». Le 12 novembre, cependant, on lui soumettait un état du mouvement de l'artillerie de l'armée des Alpes pour le siége de Toulon : « Le directeur en me le remettant, observe-t-il, a eu, je crois, pour but de couvrir sa responsabilité, parce qu'il prétend qu'on dégarnit trop notre partie [2] ». Mais ces dénonciations, envoyées au ministre des Affaires étrangères, ne suffisaient pas à Chépy; il crut devoir adresser « directement au Comité de Salut public des notes importantes sur la traîtresse aristocratie des chefs de l'artillerie [3] »; sui-

1. Un agent politique à l'armée des Alpes, correspondance de Pierre Chépy avec le ministre des affaires étrangères, mai 1793-janvier 1794; R. Delachenal, Grenoble, 1894, 1 vol. in-8; pp. 215, 294, 262.

2. Correspondance de Pierre Chépy, p. 316.

3. *Ibid.*, p. 336; lettre du 3 frimaire, 23 novembre; il dit ailleurs, le 13 frimaire, qu'il a appelé l'attention du Comité sur « la malveillance coalisée des chefs de l'artillerie ».

vant lui les principaux officiers de cette arme étaient
dans les Alpes « *gangrenés d'aristocratie*[1] ».

Enfin le 15 frimaire, 5 décembre, il annonce triom-
phalement « qu'il a été décacheté à la poste une lettre
qui rend suspects le secrétaire de l'arsenal et le général du Teil l'aîné », déjà dénoncé plusieurs fois par
lui. Une perquisition est faite chez l'inspecteur général et l'on découvre dans son cabinet les deux ordres
adressés à son fils aîné par Précy, lors du siége de
Lyon, les 14 août et 1er septembre[2] ; l'aveugle haine
de ces révolutionnaires ne leur permet pas de s'aper-
cevoir de la méprise, bien facile à reconnaître cependant, puisqu'en septembre le général du Teil était à
Grenoble et y travaillait sous Kellermann : « On a
trouvé dans les papiers du général Du Teil plusieurs
lettres du chef de brigands Précy. Le Comité de surveillance va en envoyer des copies certifiées au Comité
de Salut public. C'est ainsi que le chef de notre artillerie correspondait avec le chef des rebelles, c'est
ainsi que le siége de Lyon n'a été qu'une longue
trahison[3] ».

Cette erreur, fortuite ou volontaire, eut malheureusement pour résultat de prévenir le ministre contre
le général du Teil et de l'empêcher de donner une
suite utile aux démarches qu'il avait entreprises pour

---

1. Archives historiques de la guerre ; feuillet d'extraits de la
correspondance parvenue au Comité de Salut public le 7 frimaire.

2. Voir ci-dessus, page 129.

3. Correspondance de Pierre Chépy, p. 355 ; lettre du
17 frimaire, 7 décembre.

le sauver ; l'on a néanmoins la preuve des bonnes intentions de Bouchotte dans cette lettre [1] du 25 janvier 1794 :

> « Grenoble 6 Pluvios, de l'an 2ᵉ.

> « Citoyen ministre, je n'ay pas perdu un instant à faire les informations prescrites par la lettre du citoyen Dupin, ton adjoint, en date du 25 nivos [2] et qui m'est parvenue le 3 de ce mois après midy.

> « Je me suis présenté deux fois le 4 au comité de surveillance révolutionnaire de la commune de Grenoble que je n'ay point trouvé ; je luy ay écrit le 5 et m'a répondu le 6 la lettre cy-jointe que je t'adresse en original dont j'ay seulement pris copie, elle t'informera des causes de l'arrestation du Citoyen Duteil...

> « Salut et fraternité.

> « Charles Ladonchamps ».

Voici l'exposé des motifs [3] de l'arrestation du général :

> « Quant à Duteil il a été arrêté à l'occasion de deux lettres à son adresse trouvées et signées préci commandant les rebelles Lyonnois par lesquelles il luy ordonnoit de faire accellérer les travaux de plusieurs redoutes faites à Lyon contre les républicains. Duteil a été envoyé à Lyon avec les pièces qui étoient

1. Archives administratives de la Guerre.
2. 14 janvier.
3. Archives administratives.

à sa charge d'après un ordre qui nous a été donné par le représentant Petit Jean...

« Gardon. président; Giroud, secrétaire ».

Du Teil semble avoir comparu devant la commission militaire de Lyon [1] le 29 nivôse. 18 janvier 1794 [2]; on reconnut immédiatement que l'on avait fait fausse route en l'accusant d'avoir commandé l'artillerie à la défense de Lyon et l'on signala aussitôt son fils aîné à la commission révolutionnaire :

« On avoit pensé jusqu'à présent que le général étoit celui qui avoit demeuré dans ci-devant Lion pendant son infâme rébellion, mais la suite des interrogatoires et l'inspection des pièces que vous trouverez cy-jointes avec l'inventaire prouvent au contraire que c'est du Teil fils. Nous avons cru devoir prévenir la commission temporaire pour qu'elle prît les mesures qu'elle croiroit convenables pour s'assurer du coupable ; son père vient de nous dire que depuis deux mois qu'il l'avoit expédié pour l'escorte du convoi sous Toulon, il n'en avoit reçu aucune nouvelle ; cependant par une des pièces vous verrez que le 12 frimaire il étoit à Gap [3] ».

1. Du Teil ne fut pas incarcéré; dans cette ville où il s'était rendu dans sa voiture il descendit « à l'hôtel du ci-devant Palais-Royal, proche de la place de la Charité ».

2. Archives départementales du Rhône ; L R, 52 ; Commission militaire, registre n° 3, 2 janvier-25 mars 1794.

3. La Commission eut donc sous les yeux la pièce que nous avons reproduite p. 135 ; les motifs donnés pour la condamnation du général du Teil en sont d'autant plus odieux, p. 204.

Peut-être s'était-on aperçu après coup à Grenoble
de la méprise commise, aussi avait-on impliqué
l'inspecteur général dans une autre affaire, celle de
l'entrepreneur des transports militaires. On sait que le
général Carteaux était arrivé, dans les premiers jours
de frimaire à Grenoble : c'est là que Lagrée, directeur
de l'arsenal, lui apporta une lettre [1] de Prié [2], chargé
par lui de l'organisation du convoi ordonné le 13 brumaire : ce fonctionnaire demandait à être déchargé de
sa responsabilité, n'ayant pu trouver de mulets pour
transporter sous Toulon le matériel tiré de Grenoble.

Carteaux fit arrêter Prié le 17 frimaire, 7 décembre,
et donna l'ordre d'écrouer ses deux aides Auréas [3] et
Mathieu [4]; simultanément il ouvrit une enquête contre
Lagrée dont il s'était assuré dès le 15 frimaire [5]
« pour avoir entravé une grande opération par ses
lenteurs » : vainement les ouvriers de l'arsenal pro-
testèrent-ils « avec acharnement » contre l'arrestation de leur chef [6]. Tous quatre furent traduits devant
la commission militaire de Commune-affranchie, qui
joignit de suite cette affaire à celle de du Teil. Mais,

1. Interrogatoire de Carteaux, le 5 nivôse, 25 décembre ; ce
général entra à la Conciergerie le 13, 2 janvier 1794.
2. Jean Prié, directeur des étapes à Grenoble.
3. Joseph-Dominique Auréas, voiturier à Savine.
4. Jean-Pierre Mathieu, voiturier à Embrun.
5. On remarquera le temps qui s'écoula entre la visite de
Lagrée à Carteaux, 1er frimaire, et son arrestation en date du
15 : il semble que cette mesure ait été motivée beaucoup plus
par les renseignements fournis par le Comité de Salut public
sur cet officier et sur beaucoup de ses confrères que par la
question du convoi. — Chépy, p. 340.
6. Correspondance de Pierre Chépy, pp. 352 et 353.

sur ce chef encore, le général répondit victorieuse-
ment aux accusations dont il était l'objet en s'appuyant sur l'interdiction qui lui avait été signifiée de
n'employer pour les convois d'artillerie aucun cheval
des vivres et fourrages; dans ces conditions, comme
l'armée des Alpes manquait depuis longtemps de
chevaux d'artillerie[1], il s'était trouvé dans la nécessité d'avoir recours à des entrepreneurs de transports.
Copie de cette défense fut aussitôt demandée à la
commission des vingt et un de Grenoble et au ministère de la guerre; en même temps, pour bien témoigner de ses intentions hostiles, le tribunal exprimait
à Paris le désir de se procurer « une fonte des loix
pénales révolutionnaires, ne possédant que le code
pénal militaire du 12 may 1793[2] », et mandait à

1. Kellermann avait écrit au Comité de Salut public dès le
13 juillet 1793 :

« Quant à l'artillerie je dois déclarer que malgré les pro-
messes du ministre de la guerre d'envoyer six cents chevaux
de plus à l'armée des Alpes, il n'en est arrivé aucun de cette
augmentation. Le marché proposé de mulets pour y suppléer
est inexécutable puisque l'entrepreneur, malgré ses ressources,
n'en a pu encore assembler que soixante... Les chevaux de
luxe ont bien peu produit et ce qu'on en a obtenu a été donné
indispensablement aux gendarmes nationaux et à la cavalerie.
Les réquisitions aux départemens pour en obtenir seraient
infructueuses à cause des moissons... » Archives de la Guerre.
Le 30 octobre. 9 brumaire an II, la levée des chevaux s'opérait
difficilement dans le Mont-Blanc, et le représentant chargé de
cette mission proposait d'en acheter en Suisse; Aulard, t. VIII,
p. 140.

2. On alla même jusqu'à réclamer, le 3 février, ce recueil
des lois militaires au ministère de la justice : ainsi ce singu-
lier tribunal jugeait sans texte précis!

3 ventôse 21 février, elle faisait solliciter pour son président une audience des représentants du peuple : était-ce uniquement pour leur faire demander si son greffier, Coulon, qui avait rédigé, sur l'affaire du Teil et Lagrée, « un rapport très-étendu et très-motivé », un réquisitoire, en un mot, pourrait « dans cette affaire et dans les suivantes donner son opinion par écrit, bien que n'étant pas accusateur public » ?

A quelques jours d'intervalle, la commission militaire se déjugea donc et, le 26 février, à cinq heures du soir, elle prononça la peine de mort [1] contre du Teil : « considérant qu'il était atteint et convaincu, par suite de son aristocratie, de sa haine pour la révolution et de sa communication et liaison avec un fils rebelle et fugitif, d'avoir donné, le 13 brumaire dernier (3 novembre) un ordre contre-révolutionnaire [2] ». Il fut sur-le-champ conduit à la prison des Carmélites, et le tribunal fit savoir au général Declaye [3], commandant à Lyon, qu'il laissait « à son

1. Claude-François Lagrée, chef de brigade, et Pierre Magnier, garde d'artillerie, furent condamnés à la réclusion jusqu'à la paix ; Jean Prié, Dominique Auréas et Pierre Mathieu furent acquittés. Magnier avait été arrêté à Grenoble sur l'ordre donné par la commission militaire de Lyon le 3 pluviôse, 22 janvier. Ajoutons que le chef de brigade de La Catonne, qui commandait à Grenoble le dépôt du 4e régiment d'artillerie, se brûla la cervelle au moment où on venait l'arrêter le 12 frimaire, 2 décembre, pour avoir fait acquitter le général Camille de Rossi, « suppôt de Paoli », frère du lieutenant général Antoine de Rossi, dont il a été question p. 109.

2. Lombard, président ; Huel, Miquel, Domere et Willot, juges ; Coulon (alias Cotilon), greffier.

3. Nicolas Declaye, général de brigade le 30 juillet 1793.

amour pour la discipline et le bon exemple le soin de
donner à ce jugement tout l'appareil et la publicité
capables d'imprimer la soumission aux lois et l'hor-
reur du Crime ». Ces recommandations furent ponctuellement suivies car, dès le lendemain, à midi, il
était fusillé « en grand appareil, afin de mieux épou-
vanter ceux qui seraient tentés de l'imiter ».

Il est curieux de rapprocher le jugement de la
commission militaire de celui de Napoléon sur son
ancien commandant d'École [1] :

Le général du Teil, l'aîné, dit-il, « ne partagea pas
l'opinion nationale ; il était déjà fort âgé, mais bon
français. Il refusa cependant d'émigrer et resta à son
poste ;... il ne put échapper au comité de surveillance de Collot d'Herbois et de Fouché [2] ; il fut traduit au tribunal révolutionnaire et condamné à mort.
Son jugement était motivé sur les retards qu'il avait
mis à envoyer l'artillerie pour le siége de Toulon.
C'est en vain qu'il produisit les lettres de remercîments que lui écrivait Napoléon pour le bon ordre et
l'activité qu'il avait mis dans l'envoi de ces convois ».
Bonaparte, qui commanda l'artillerie du siége jusqu'au 17 novembre, était mieux renseigné sur ces
faits que la commission militaire de Lyon.

Ainsi mourut ce soldat septuagénaire qui comptait
soixante-trois ans de services et quinze campagnes ;
blessé fort jeune au siége de Tournay, il s'était trouvé
à vingt-deux siéges, avait assisté à sept batailles ou

1. Correspondance de l'Empereur, t. XXIX, p. 13.
2. Fouché, Laporte et Méaulle, représentants du peuple.

affaires et pris part à cinq expéditions ; simple lieutenant, il avait contribué à la défense de Bitche en 1744 ; plus tard, pendant la campagne de 1760, il avait sauvé Marbourg ; commandant de l'école d'Auxonne pendant onze ans, il y avait instruit successivement quatre régiments d'artillerie, ceux de Strasbourg, d'Auxonne, de Besançon et de La Fère ; comme il avait été quatre ans lieutenant-colonel du régiment de Toul et qu'après, inspecteur général du sixième département, il eut sous ses ordres le régiment de Grenoble, devenu le quatrième régiment d'artillerie, les jeunes officiers de son arme qui allaient faire toutes les campagnes de la Révolution avaient, pour la plupart, servi sous lui ; le plus illustre de tous, l'empereur Napoléon Ier, se souvenait encore à Sainte-Hélène, le 24 avril 1821, de la sollicitude dont l'avait entouré, de 1788 à 1792, cet excellent et ancien officier, lorsqu'il dicta ce codicille : « Nous léguons aux fils ou petits-fils du Baron du Theil, lieutenant général d'artillerie, ancien seigneur de Saint-André, qui a commandé l'école d'Auxonne avant la révolution, la somme de cent mille francs, comme souvenir de reconnaissance pour les soins que ce brave général a pris de nous lorsque nous étions comme lieutenant et capitaine sous ses ordres [1] ».

1. Enregistré à Paris le 31 janvier 1822, folio 96, 2º, C 6, par Courapied, et déposé pour minute chez Me Jean Bertrand, suivant acte du 4 avril suivant.

X

LE GÉNÉRAL DE DIVISION DU TEIL

COMMANDANT DE PLACE A METZ

(1800-1814)

Le général de division du Teil cadet, suspendu provisoirement de ses fonctions, ainsi qu'on l'a vu, le 19 janvier 1794, 30 nivôse an II, fut néanmoins autorisé à prendre sa retraite le 4 avril, 15 germinal suivant, et obtint une pension le 16 novembre, 26 brumaire an III ; il fut admis au traitement de réforme le 7 fructidor an VI, 24 août 1798.

Mais sa mise en non-activité lui pesait lourdement, car il n'avait encore qu'une soixantaine d'années ; l'avancement de son gendre, le baron Noirot [1], qui

1. Chef d'escadron le 20 nivôse an IV, 10 janvier 1796 ; chef de brigade le 25 thermidor an VII, 12 août 1799 ; général de brigade le 21 décembre 1806 ; il fut commandant du département de la Meuse-Inférieure le 12 avril 1808, gouverneur de Saint-Andréo le 24 avril 1809, commandant du département de Seine-et-Oise le 13 février 1812 et du dépôt de cavalerie à Erfurt le 9 mai 1813, inspecteur général de gendarmerie le 18 juillet 1814 ; compris dans le cadre de l'État-major général le 30 décembre 1816, il fut retraité comme maréchal de camp le 1er janvier 1825 et

avait fait son chemin depuis le siége de Toulon et avait été nommé, le 23 floréal an VI, 12 mai 1798, commandant en second de l'École d'instruction des troupes à cheval à Versailles, l'encouragea dans son idée de reprendre du service et, dès le 23 brumaire an VII, 13 novembre 1798, il demanda une affectation.

Le 9 nivôse suivant, 30 décembre, il adressait un mémoire dans le même sens aux Directeurs : « J'ay été employé en 1792, disait-il, commandant en chef l'artillerie du Rhin et des Vosges, à la fois ; en 1793, celles des armées d'Italie et des Alpes, également à la fois... Le directeur Barras m'a fait faire général de division et, bientôt après, j'ay commandé en chef l'artillerie qui a soumis Toulon, époque glorieuse de tous nos succès. Partout où j'ay servi nos armées ont vaincu et j'ay la gloire d'y avoir contribué [1]..... » Barras transmit cette requête, le 11 nivôse, au ministre de la guerre qui, le 16 thermidor, 2 août 1799, chargea du Teil, comme inspecteur général [2], de l'organisation des bataillons auxiliaires de la 3ᵉ division militaire à Metz.

mourut le 18 septembre 1826. Il avait fait dix-huit campagnes, avait obtenu la croix de commandeur de la Légion d'honneur le 25 décembre 1803 et celle de chevalier de Saint-Louis le 29 juillet 1814. Il avait reçu le titre de baron et une dotation de 2.000 francs de revenu sur le Trasimène, par décret impérial du 22 mars 1813.

1. Bibliothèque de Grenoble, manuscrits, N. 361.

2. En cette qualité il demanda comme aides-de-camp Césaire-Marie du Teil, ancien lieutenant d'artillerie, et Louis-Charles Boizot, ancien officier au 27ᵉ régiment d'infanterie.

Le général du Teil se mit aussitôt à l'œuvre : dès le 24 fructidor, 10 septembre, il présidait, à la formation de ces bataillons et le 2 vendémiaire an VIII, 24 septembre, il leur remettait leur drapeau.

La durée de cette inspection ne fut que de quelques mois : elle prit fin vers la fin de pluviôse an VIII, février 1800. Mais le 19 ventôse suivant, 10 mars, le général du Teil se présenta aux bureaux du ministère de la guerre porteur de cette lettre [1] qui établit clairement qu'alors Napoléon lui conservait un reconnaissant souvenir :

<table>
<tr><td>ÉTAT-MAJOR
DE LA PLACE DE PARIS</td><td>Du 19 ventôse an 8 de la République
française une et indivisible.</td></tr>
</table>

Le Général de Brigade commandant la place de Paris au citoyen Daru, chef de la 1re division de la guerre.

Le général du Teil qui vous remettra la présente, mon cher Daru [2], a servi d'une manière distinguée aux armées, il a présenté à la dernière audience du consul Bonaparte une pétition tendante à obtenir sa mise en activité laquelle a été parfaitement accueillie. Je vous invite donc, mon cher Daru, à hâter le rapport de cet officier général auquel je m'intéresse

1. Archives administratives de la Guerre.
2. Pierre-Antoine-Noël-Bruno, comte Daru, né en 1767.

vivement et *qui a des droits à la reconnaissance nationale* [1].

« Salut amical.

« Morand [2] ».

Que s'était-il passé à cette entrevue entre Bonaparte et du Teil qui certainement ne s'étaient pas rencontrés depuis Toulon. Il serait intéressant de le savoir, mais assurément Napoléon fit un excellent accueil à son ancien commandant en chef ; dès le 12 ventôse, le vieil artilleur était porté sur une liste d'officiers généraux proposés pour commander à Lille, place de première ligne ; enfin, le 21 ventôse, 12 mars, Bonaparte le choisissait de préférence aux généraux de Tholosé, Picot-Bazus, Grandjean et Chastanier de Burac, bien qu'il figurât le dernier sur l'état de proposition.

Le premier consul dut encore recommander du Teil au ministre qui, le 15 germinal, 5 avril, écrivait au général Pille [3], commandant les 1re et 16e divisions militaires :

« Je vous préviens, citoyen, que le premier consul a décidé que le général Drut [4] servira à l'armée d'Italie et sera remplacé dans le commandement de

1. Ces mots sont soulignés, car ils établissent clairement qu'en 1800 Napoléon n'estimait pas que du Teil n'entendait rien à l'artillerie. Il est à remarquer que ce sont les expressions employées par Dugommier dans l'attestation qu'il donna à du Teil ; voir p. 190.

2. Joseph, baron Morand, général de brigade 13 juin 1795, de division 27 avril 1800.

3. Louis-Antoine, comte Pille, général de division 1795.

4. André, baron Drut, général de division 1793.

la place de Lille par le général de division d'artillerie du Teil, officier recommandable par ses services,
sa moralité et *ses talents militaires* [1]..... » On peut
juger de la manière dont du Teil fut reçu à la fois aux
Tuileries et à la Guerre par la lettre [2] suivante qu'il
adressa bientôt au ministre :

« 25 thermidor an 8 [3].

« Citoyen ministre,

« Le travail des commandants d'arme étant au
moment d'être terminé, si je pouvois être employé à
Metz au lieu de Lille, cela me feroit un sensible
plaisir...

« Je vous prie, citoyen ministre, d'avoir égard à
ma sollicitation et d'être persuadé que ce que vous
ferès pour moi sera agréable au premier consul qui,
en me plaçant à Lille, a voulu me donner un témoignage de son souvenir et de sa bienveillance, croyant
en ce moment ne pouvoir mieux faire.

« Agréès je vous prie l'assurance de mon respectueux dévouement.

« Du Teil ».

Deux mois plus tard, le 21 vendémiaire an IX,
13 octobre 1800, du Teil était promu commandant
de place à Metz. Le 9 ventôse suivant, 27 février 1801,
il adressait au ministre de la guerre un intéressant

1. Archives administratives.
2. Archives administratives.
3. 13 août 1800.

mémoire, conservé dans une riche collection anglaise[1], dans lequel il insistait sur la nécessité d'établir en double les plans des principales places fortes de la France, le premier levé devant être descriptif des fortifications et ouvrages intérieurs, le second relatif au pays environnant.

Au commencement de l'an X, en vendémiaire, une fête militaire eut lieu à Metz, et le Journal[2] des départements de la Moselle et de la Meurthe la raconte en ces termes : « Le 20 de ce mois, il y a eu en cette ville une grande parade à laquelle ont assisté le citoyen Rœderer[3], conseiller d'État, les préfets du département de la Moselle et des Forêts, un chambellan russe et beaucoup d'étrangers, ainsi qu'un grand nombre de citoyens. Le général Du Teil, commandant d'armes de la place, en avait fait les dispositions et a commandé en personne... Les spectateurs ont paru très satisfaits de la beauté des troupes et de leur tenue ».

L'année suivante[4], du Teil adressa au général de Marescot cette lettre[5] qui dénote en lui un officier de l'ancien régime, fort attaché aux anciens règlements :

1. John Sainsbury, the Napoleon Museum (London, 1845), t. I, p. 326.
2. An X, n° 5.
3. Pierre-Louis, comte Rœderer, 1754 † 1836, sénateur de l'Empire.
4. Le 15 janvier 1803.
5. Carnet de la Sabretache, général V..., année 1893, juin, pp. 177 à 181.

LIBERTÉ ÉGALITÉ

5ᵉ DIVISION MILITAIRE
PLACE DE METZ   Metz, le 25 nivôse an XI de la République
française une et indivisible.

« *Le général de division, commandant d'armes de la
place, au général Marescot, premier inspecteur
général du génie.*

« Citoyen général,

« D'après l'arrêté des consuls sur la réunion des
écoles d'artillerie et du génie, il va y avoir dans cette
place un nombre assez considérable de jeunes officiers, et quoique leur instruction soit spécialement
confiée au chef de brigade commandant l'École, il
entre dans nos devoirs de veiller à ce que ces jeunes
élèves soient, comme tous les officiers de la garnison,
soumis aux règles de la police et discipline militaire.
Jusqu'ici je n'ai que des éloges à donner à la conduite de ceux de l'ancienne école, ainsi qu'au petit
nombre déjà arrivé à la nouvelle ; j'espère que ceux
qui y viendront successivement suivront le bon
exemple des autres et je suis sur cet objet dans la
plus parfaite sécurité ; mais il est un point que je
crois devoir soumettre à vos lumières, celui de la
tenue.

« Les officiers de l'école portent leurs cheveux
coupés à la mode dite à la Titus, et j'ai imposé à
ceux des troupes de la garnison de se conformer
ponctuellement aux dispositions de l'article 2, titre 5,

Règlement du 24 juin 1792, qui leur prescrit de porter leurs cheveux liés en queue et frisés en une seule boucle [1]..., etc. Ce règlement, qu'aucun acte du Gouvernement n'abroge, a pour but de régulariser la tenue des corps, où tout doit être uniforme : il est vrai qu'il ne dit rien concernant les officiers sans troupe, mais ces jeunes élèves ne doivent-ils pas, pendant le cours de leur instruction, être attachés aux compagnies employées près l'École, y faire pendant un mois le service de chaque grade, en porter la marque distinctive et, par une conséquence naturelle, la tenue.

« Je dois d'ailleurs vous instruire que ce corps d'officiers est, en quelque sorte, jalousé par ceux des autres armes, soit à cause de la bonne société que les uns fréquentent et que les autres semblent fuir, soit à cause de l'instruction plus soignée des premiers, ou, enfin, cette différence de tenue ; ils semblent faire un corps particulier qui n'a aucun rapport avec les autres armes.

« C'est dans les vues d'écarter tout prétexte de mésintelligence que j'ai cru devoir, citoyen général, vous soumettre mes observations et me concerter avec vous, avant d'en écrire au ministre, vous priant de

1. « Les cheveux des officiers seront attachés près de la tête et liés en queue couverte d'un ruban de soie noire qui sera simplement arrêté par une épingle et sans rosette : les cheveux des faces ne formeront qu'une seule boucle qui descendra à hauteur du milieu de l'oreille ; la queue ne pourra excéder la longueur de huit pouces et le bout des cheveux ne pourra dépasser le ruban de plus d'un pouce... » ; (Note de M. le général Vanson.)

faire décider si les officiers de l'École seront ou non assujettis pour ce qui concerne la tenue au règlement précité : quelle que soit la décision qui interviendra, je ne doute pas qu'elle n'ait l'effet que je dois en attendre, c'est-à-dire une pleine et entière exécution.

« J'ai l'honneur de vous saluer.

« Du Teil ».

Pas plus que du Teil, Marescot ne prit sur lui de trancher cette question ; il en référa au ministre qui rendit la décision suivante : « Les officiers doivent suivre les ordres de leurs chefs. *Les coiffures sont admissibles avec ou sans poudre* ».

Membre de la Légion d'honneur le 11 décembre 1803, le général fut nommé commandant de cet ordre le 14 juin 1804.

Deux ans plus tard, en septembre 1806, une circonstance solennelle devait remettre Napoléon et du Teil en présence : l'empereur ne manqua pas de traiter encore avec une grande bienveillance le vétéran de l'armée de Toulon : « Depuis quelque temps, dit le Journal de la Moselle [1], le bruit s'était répandu que bientôt nous aurions le bonheur de posséder dans nos murs S. M. l'Empereur et Roi. Tous les citoyens se faisaient une fête de voir le héros de la France.....

« C'est le 26 de ce mois, à midi que S. M. I. et R. a fait son entrée dans nos murs par la porte de France. M. le préfet avait été attendre S. M. sur la limite de

____
1. Année 1806, n° 55.

son département et M. le général Gobert[1], commandant la 3ᵉ division militaire, avait été à quelque distance au devant d'Elle.

« M. le maire et le corps municipal ont été à 500 pas de la ville présenter les clefs de la ville[2].....

« Le général du Teil, commandant d'armes, a présenté les clefs de la place à S. M. à la première barrière, et lui a adressé un compliment.

« S. M. a daigné lui répondre que les clefs étaient en de bonnes mains et qu'il ne fallait les rendre qu'à Elle.

« Lorsque S. M. a fait son entrée dans la ville, le salut de trois salves d'artillerie de la place, le son de toutes les cloches, les acclamations d'un peuple immense qui s'était précipité au devant d'Elle, les cris de vive l'Empereur, vive l'Impératrice, répétés à chaque instant, formaient un spectacle touchant, dont il serait difficile de se former une idée. L'Empereur était accompagné de son frère, le prince Jérôme Bonaparte et de son auguste épouse, sur les traits de laquelle se peignaient l'affabilité et la bienfaisance qui la rendent si digne de l'amour des Français. Toutes les troupes de la garnison garnissaient les places par où LL. MM. ont passé... »

---

1. Jacques-Nicolas Gobert, général de division 1803.
2. Cette clef appartenant à Mᵐᵉ de Beccary porte la date de « 1805 » et la signature de « Hissette fils ». Ce ciseleur avait exécuté pour l'appartement de S. M., à Metz, un vase fumigatoire en fer battu, d'une forme élégante, un vrai chef-d'œuvre pour l'exécution du poli et du mat, suivant le Journal du département.

Quelques mois plus tard, le Journal officiel rendait hommage en ces termes à l'activité du général[1] : « Metz, le 14 décembre. De nombreuses colonnes de prisonniers prussiens ont traversé le département de la Moselle : aucun de ces prisonniers ne s'est écarté de sa route. M. de Vaublanc[2], préfet du département, avait pris toutes les précautions possibles..... Le commandant d'armes, M. du Teil, M. le général Rousseau[3], commandant par intérim la division, et M. Marchand[4], maire, n'ont cessé de s'occuper de tout ce qui était relatif à la marche, au logement et à la nourriture des prisonniers ».

La situation dont jouissait à Metz le général du Teil était évidemment considérable : l'académie de cette ville se faisait un honneur de le compter depuis longtemps au nombre de ses membres car, écrivain militaire distingué, ses ouvrages avaient eu un légitime succès et l'un d'eux avait même été traduit en allemand[5] ; si l'on avait pu oublier les services qu'il avait rendus à la population en 1790, comme com-

---

1. D'après le Journal de Moselle, 1807, n° 1.

2. Vincent-Marie, comte de Vaublanc-Viennot, né en 1756, préfet de la Moselle le 1er février 1805, depuis ministre de l'intérieur.

3. Antoine-Alexandre, baron Rousseau, général de brigade 1803, de division 1811.

4. Nicolas-Damase, baron Marchand, maire le 1er novembre 1805.

5. Il s'agit de l'*Artillerie nouvelle*, si vivement critiquée par Saint-Auban, traduite en allemand par J. H. Malherbe, Dresde, 1783, 1 vol. in-8. Nous ignorions ce détail lorsqu'ont été imprimées les pages relatives aux travaux du chevalier du Teil sur les réformes de Gribeauval.

mandant de la garde nationale, les deux pièces de canon [1] enlevées par lui à Nancy, lors de l'insurrection, et placées dans l'escalier de l'hôtel de ville de Metz, les auraient rappelés. L'empereur lui témoignait une estime particulière; aussi du Teil pouvait-il écrire, le 30 septembre 1811, au duc de Feltre [2], ministre de la guerre :

« Depuis dix ans que je commande dans la place de Metz, il ne s'y est rien passé qui ait pu donner la moindre inquiétude et cette ville jouit de la plus parfaite tranquillité. Le service, la discipline, l'instruction et la tenue font le plus grand honneur au zèle et aux talents des chefs..... Je sers depuis 55 ans..., l'état de mes services est dans les Bureaux de votre Excellence et ils me font honneur... Sa Majesté qui a passé deux fois [3] par Metz m'a toujours honoré de sa bienveillance. Veuillez, Monsieur le Duc, y joindre la vôtre, pour moi et les chefs de la garnison que j'ai l'honneur de commander, et soyez bien persuadé de notre zèle à la mériter... »

C'est qu'il avait été question de proposer cet ancien général pour la retraite dès le 20 janvier 1811 ; mais

1. Les deux autres sont conservées à Zurich où les avait déposées le baron Pallavicini, colonel du régiment suisse de Vigier.

2. Henri-Jacques-Guillaume Clarke, duc de Feltre, né en 1765, maréchal de France 1816.

3. On a vu les détails du premier passage ; le second fut moins sensationnel, d'après le *Moniteur* : « S. M. l'empereur et roi est arrivée hier, 24 septembre 1808, à six heures du soir... Elle est descendue à l'hôtel de la Préfecture ; elle a ensuite accordé audience aux autorités civiles et militaires ».

la dignité dont était empreinte sa protestation, et la
volonté formelle de l'empereur, exprimée le 29 octobre
suivant, lui permirent de continuer ses fonctions.
Napoléon ne se décida à l'admettre à la retraite que le
23 décembre 1813.

La raison de cette mesure était dans ses hésitations
au sujet de l'exécution de déserteurs du 2ᵉ régiment
étranger pour laquelle sa signature, comme commandant d'armes, était nécessaire ; son grand âge, il était
à cette époque dans sa soixante-seizième année,
explique cette faiblesse qui même ne peut que lui
faire honneur ; on lui demandait de faire un exemple
en faisant passer par les armes un déserteur ; il eût
voulu attendre pour ne frapper qu'un criminel : « Les
motifs vrais ou supposés étant à peu près les mêmes,
disait-il, comment me serait-il possible d'en faire
exécuter un sans les faire fusiller tous ? Je vous
déclare donc qu'à moins que je ne rencontre dans un
déserteur le coupable d'un autre crime, mon visa ne
fera pas couler le sang humain, tant que la faculté de
surseoir me sera accordée ».

Mais les inquiétudes de cette année 1814 qui allait
commencer firent traîner les choses en longueur : les
états des services du général du Teil pourront ainsi
mentionner une onzième campagne, celle de Metz, en
1814. Malgré des placards affichés le 27 février et
annonçant une grande victoire de l'empereur, l'ordre
était arrivé le lendemain à Metz de faire la levée en
masse et de sonner le tocsin : le 29, quelques ennemis,
sous la conduite d'un habitant de la ville signalé
comme suspect, traversèrent la Moselle entre le poly-

gone et la butte et attaquèrent le poste des Suisses qui les repoussèrent et leur firent repasser la Moselle. Retraité par décret du 22 mars, du Teil en fut avisé le 21 avril et resta en fonctions jusqu'au 1er mai.

Le 15 mars 1819, le duc de Tarente[1], grand chancelier de l'ordre de la Légion d'honneur, envoya « au chevalier Jean du Teil, lieutenant général des armées du roi », un brevet daté du 30 janvier, le confirmant dans le grade de commandeur, avec rang du 14 juin 1804 : il fut même question de lui donner le cordon rouge, mais cette faveur ne put lui être accordée, les règlements s'opposant à son obtention par les officiers généraux en retraite. Il mourut à Ancy-sur-Moselle, le 25 avril 1820 : Mme du Teil lui survécut dix ans et ne décéda que le 20 septembre 1830.

1. Étienne-Jacques-Joseph-Alexandre Macdonald, duc de Tarente, né en 1765, maréchal de France.

PIÈCES JUSTIFICATIVES

I

MÉMOIRE

ÉCOLE
D'AUXONNE
1781

(relatif à la création d'une bibliothèque
et d'un laboratoire de chimie.)

Dans la position... de l'École à Auxonne, il s'agit de prévoir au manque de ressource pour l'occupation et l'instruction de l'officier...

Il s'agirait donc, comme je l'ai proposé à Mr de Gomer à ses deux inspections de 1780 à 1781, de former une bibliothèque militaire qui ne laissât rien à désirer tant en livres de sciences sur les parties militaires *qu'en livres historiques relatifs, avec une collection de mémoires*, autant que l'on pourra s'en procurer, des atlas complets, des cartes particulières des pays qui ont coutume d'être le théâtre des guerres, les plans des places de France, et ceux de celles des pays étrangers, tant que l'on pourra s'en procurer, tous ces objets sont essentiels au travail que l'on peut donner sur les équipages de siége et sur l'attaque et défense des places... etc. Je me propose d'asseoir cette bibliothèque vis-à-vis la salle de dessin, d'y avoir un bibliothécaire qui délivrerait les livres dont il serait chargé. Il y aura table, papier, encre, plumes et feu en hiver ; et là chacun fera les recherches qu'il lui plaira ou que la nécessité exigera, selon le travail que le commandant aura donné à remplir.

Je me propose encore d'établir au rez-de-chaussée, vis-à-vis la salle de mathématiques un laboratoire de chymie où l'on traitera par théorie et par procédés les parties qui ont rapport à la métallurgie ; on y fera une collection de minéraux relative ; voilà une idée succincte des projets de cet établissement. Pour l'exécution de l'une et de l'autre partie il faut dans une même personne un bibliothécaire et un chimiste manipulateur ; on sait où le prendre. Il conviendrait que le professeur de mathématiques s'adonnât à la théorie de cette partie et alors on passerait en toutes choses de la théorie à la pratique. Les officiers pour lors, n'ayant d'autre dissipation [1], se donneraient tout entiers à cette partie ; on leur en ferait naître le goût par l'occupation que l'on exigerait d'eux qui les mènerait à la nécessité des expériences.

Il serait à désirer que dans les six ou sept écoles il y en eût deux où l'on exerçât la chymie et deux où l'on démontrât la physique expérimentale. Au reste rien ne peut se faire sans secours pécuniaires, sans des ordres donnés pour ces établissemens, afin qu'ils soient fixes et non exposés à être renversés par le premier commandant d'École qui surviendra. On fournira tous les détails que l'on pourra exiger et même les moyens de subvenir aux frais de cet établissement, sans demander des fonds au ministre.

A Auxonne, le 19 septembre 1781 [2].

---

1. Lisez : distraction.

2. Archives de l'artillerie, 4. H. 9. — Les travaux historiques auxquels Napoléon Bonaparte s'est livré à Auxonne font penser que les idées du baron du Teil se réalisèrent au moins en ce qui concerne la bibliothèque.

II

ORDRE DU 1er JUIN 1786

PORTANT RÈGLEMENT POUR LA SALLE DE DESSIN

... Il est ordonné à Messieurs les officiers d'exécuter toutes les espèces de dessin dans l'ordre des numéros ci après et de s'arranger de manière que cette collection puisse être achevée en tout ou en partie pour la revüe d'inspection prochaine, c'est-à-dire en tout pour ceux qui savent déjà dessiner et en partie, plus ou moins, pour ceux qui commenceront.

N° 1. On construira le premier sistème de M. de Vauban en demi-exagone et ses ouvrages extérieurs.

N° 2. Les profils dudit plan coupés perpendiculairement sur les pièces, mis à une échelle 12 fois plus grande que celle du plan.

N° 3. Construire le second sistème de M. de Vauban avec tous les ouvrages extérieurs au chemin couvert de l'enceinte et intérieurs dudit chemin couvert, tracé en demi-exagone et mis en ligne seulement.

N° 4. Les profils dudit sistème coupés perpendiculairement sur les pièces construites, sur une échelle susdite.

N° 5. Troisième sistème de M. de Vauban, construit en demi-exagone, avec ouvrages extérieurs, mis en ligne seulement.

N° 6. Les profils dudit sistème, comme il est dit pour les autres.

N° 7. Les constructions du sistème de M. de Courmontagne et tous ses ouvrages extérieurs, mis en ligne seulement comme dessus.

N° 8. Les profils desdits.

N° 9. Un demi-exagone du premier sistème, construit en terre avec tous les ouvrages extérieurs construits en ligne seulement.

N° 10. Le profil desdits (A).

N° 11. Un plan contenant les trois sistèmes de M. de Vauban et ouvrages extérieurs lavés, parce que l'on sera exercé à laver quelques morceaux détachés avant celui-ci (B).

N° 12. Une place à six fronts dont chacun présentera un sistème différent avec les ouvrages extérieurs mis en ligne seulement.

N° 13. Un plan de la campagne à la plume (C).

N° 14. Un plan de la campagne lavé.

(A). Cette marche de construire les plans et profils en lignes seulement ne porte l'attention de l'officier que sur les proportions des constructions, c'est le moyen de les lui rendre familières.

(B). Ces trois sistèmes réunis en un plan les mettent à la fois sous les yeux et il n'est pas de moyen de mieux combiner leur avantage et leur défaut que lorsqu'ils sont en comparaison l'un avec l'autre.

(C). Ce genre de dessin est le plus essentiel à l'officier et le plus facile à exécuter partout, puisqu'on a toujours une plume et de l'encre ; il est d'ailleurs très expéditif lorsqu'on l'a saisi. Tous s'y adonnent avec plaisir.

Nº 15. Des machines d'artillerie en ligne seulement et leurs
   proportions toutes cottées.

Nº 16. Les mêmes machines lavées.

Nºˢ 17, 18, 19, 20, 21. Une colonne avec son entable-
   ment et piédestal de chaque ordre d'architecture, dont
   chacune desdites sera tirée en lignes, dans les proportions cottées, et la répétition lavée, chaque ordre sur un
   des numéros portant la colonne en lignes et lavée (D).

Nº 22. Le plan d'un édifice ; l'élévation sur un ordre quelconque de la façade : la coupe prise en long et en travers
   du bâtiment qui laissera voir la disposition d'élévation
   des planches, celle de la charpente plus le plan de la
   charpente.

Nº 23. Plusieurs vues en perspectives géométriques com-
   prenant chateaux sur montagnes et plaines y jointes,
   faites à la plume.

   Perspectives de chateaux en plaines et ses environs
   du point de vüe (E).

Nº 24. Déterminer géométriquement les ombres de différentes choses (F).

(D). Quoique l'officier ne soit pas dans le cas d'élever des palais
en colonnades, il est indispensable qu'il connaisse parfaitement ces
différens ordres, puisque l'on ne peut édifier un bâtiment quelconque sans qu'il soit assujetti aux proportions de l'un d'entre eux,
ou ce serait manquer aux principes de cet art.

(E). Comme il est très important que l'officier sache dessiner les
vües à la plume et que cette connaissance est soumise aux règles de
la perspective, on commence d'abord à les leur enseigner. L'occasion où un officier sent le mieux de quelle utilité est ce genre de
dessin, c'est lorsqu'à la guerre il est chargé d'une reconnaissance de
poste, alors il peut rendre son compte le plan à la main avec l'élévation du château en perspective sur toutes ses faces. Cette manière
de se faire entendre à un général est sans doute agréable pour l'un
et pour l'autre.

(F). Cette règle est nécessaire pour la correction et perfection
du dessin.

La collection entière a été faite par les officiers de trois régimens
qui ont été à mes ordres, dans une campagne, même par plusieurs
officiers qui n'avaient jamais dessiné.

Messieurs les capitaines qui présideront voudront bien tenir la main à ce que Messieurs les officiers n'exécutent aucun numéro que les précédens ne l'ayent été.

Le présent règlement sera affiché à la salle de dessin [1].

Pour copie,

Le Baron du Teil [2].

---

1. Archives de l'artillerie, 2. A. 39. — Nous avons vu p. 61 en note, d'après M. Masson, que Napoléon Bonaparte n'avait pas complètement négligé le dessin à Auxonne ; rappelons ici le nom du professeur, Bastien Colombier. — Les notes de A à F inclusivement sont du baron du Teil.

2. Ce commandant d'École avait du goût pour le dessin ; nous venons de retrouver les notes qui lui furent données à l'école de La Fère à la suite de l'examen passé par Vallière le 25 juillet 1738 : « Beaumont : s'applique, continue à faire du progrez en géométrie, a toutes les qualités propres pour faire un bon sujet, *dessine bien* » : son frère Alexis avait aussi des dispositions, car on dit de lui, alors surnuméraire : « Beaumont, commence, dessine ». A cette époque leur père commandait en second la compagnie de bombardiers de Soucy au bataillon de La Borie.

III

LETTRE A M. DE GRIBEAUVAL

A Auxonne le 20 septembre 1788.

Monsieur,

Pour répondre à la demande que contient la lettre que vous m'avez fait l'honneur de m'écrire le 11 du mois dernier, je penserais que l'ordonnance ne prescrivît [1] aucun détail d'instruction particulière, elle devrait prononcer sur toutes les parties sur lesquelles les Régimens du Corps doivent être formés et abandonner à la prudence du commandant d'École la direction du plan théorique et pratique qui doit varier chaque année, puisqu'il doit être relatif aux différentes circonstances et au degré de connaissances acquises par les officiers des Régimens qui leur sont confiés, c'est le seul moyen de renoncer à un usage routinier, très-nuisible au bien du service, qui fait répéter, dans chaque École d'artillerie, tous les ans ce qui est prescrit par une ordonnance qu'on ne doit point interpréter.

Comme il résultera toujours, Monsieur, un grand avantage pour les Écoles si les opérations sont dirigées et éclairées par le chef du Corps [2], il devrait lui être adressé

1. Pour « ne devrait prescrire ».
2. Le premier inspecteur général, c'est-à-dire Gribeauval.

chaque année, par les commandans d'École, un projet d'instruction pour la campagne, appuyé du motif qui les détermine, que vous approuveriez, augmenteriez ou diminueriez. D'après cela il suffirait de prescrire par l'ordonnance que les instructions doivent se diriger principalement sur les moyens d'instruire les Officiers, sur les Opérations de guerre les plus analogues à notre service, dont tous les Capitaines du Corps et même partie des Chefs de Brigade n'ont point de notions, n'ayant pas fait de campagne.

Le seul article d'instruction qui puisse être soumis à une règle fixe et invariable est celui qui concerne les officiers nouvellement promus [1]. Les nouvelles ordonnances ne laissent rien à désirer sur les précautions indiquées pour s'assurer qu'ils sont parfaitement instruits avant d'être reçus ; celle du corps ne doit y ajouter que les détails relatifs à notre service qui mettent un officier, à l'instant de son arrivée, à même de commander une partie ou la totalité de sa compagnie et rendent encore plus important d'accélérer son instruction et de s'assurer s'ils ont acquis des connaissances préliminaires suffisantes. Pour exciter leur émulation, il devrait être prescrit qu'aucun lieutenant en 2e nouvellement promu ne serait admis à profiter ni de semestre, ni de congé qu'autant qu'il serait constaté par un Conseil composé de tous les Officiers supérieurs du Régiment et présidé par le Commandant d'École, qu'il est parfaitement instruit sur tous les détails relatifs à notre service et sur la théorie et les genres de dessin qui seront prescrits par le règlement.

Il y a peu de changements à faire à l'ordonnance actuelle

---

1. On se souvient que le premier soin de du Teil fut d'attacher Bonaparte qui rentrait de semestre à la commission du tir des bombes.

pour former le canevas du plan que je propose [1], mais je crois qu'il y a beaucoup à retrancher sur tout ce qui est prescrit concernant l'instruction du canonnier, le détail en est trop minutieux et doit être abandonné à la disposition du chef pour le faire varier suivant les circonstances. Si les bornes en sont limitées par l'ordonnance, cette disposition aura des effets très-nuisibles lorsque les chefs ne prendront pas assez sur eux-mêmes pour y rien changer. Une suite d'expériences a démontré, Monsieur, que les principes que l'on avait adoptés pour l'instruction des manœuvres de force [2] n'étaient pas les meilleurs; l'on a été contraint de s'en écarter pour pouvoir former avec plus de succès le canonnier à une partie du service si intéressante [3]...

Le Baron du Teil.

1. Voici ce canevas, d'après du Teil :

ÉNUMÉRATION DES ARTICLES DE L'ORDONNANCE
DU CORPS ROYAL SUR LES INSTRUCTIONS

Titre 7.

Art. 29. Salle de dessin mal expliquée.
Art. 36. Connaissance des arsenaux est bonne.
Art. 38. Opérations pratiques sur le terrain mal exprimées.
Art. 39. Instruction sur les ponts est bonne.

Il manque :

La pratique sur les mines.
La pratique et l'application sur les retranchemens en campagne.
Opérations de nivellement.
Instructions pratiques sur l'attaque des places.
Instructions pratiques sur la défense et tous les détails accessoires qui y sont liés.
Procédés de chymie sur la métallurgie et tout ce qui est accessoire.

Voilà à peu près le canevas qu'il y a à énoncer dont les commandans d'école feront le remplissage, d'après le prospectus approuvé par vous chaque année, parce que les instructions doivent varier selon le degré de connaissance et qu'il ne faut pas s'appesantir sur les choses entendues.....

2. Elles étaient particulièrement instructives à Auxonne, en raison des démonstrations théoriques dont Lombard les accompagnait.

3. Archives de l'artillerie. 2. A. 59.

IV

AUXONNE
—
REVUE
de mars et avril 1788.

DUCHÉ DE BOURGOGNE

Corps royal de l'artillerie.

ÉCOLE

Revue faite à Auxonne le 27 avril mil sept cent quatre-vingt-huit par nous commissaire des guerres et du corps royal de l'artillerie, au Département de la Bourgogne, aux Officiers et employés attachés au service de l'École de cette place pour servir au paiement de leurs appointemens pendant les mois de mars et avril de la présente année.

MM.   *Officiers.*

Jean-Pierre Baron du Teil, maréchal de camp commandant
 l'École ;
Jean-Baptiste-Joseph Toytot, capitaine en second ;
François-Henry de Barthelas.   id.
Louis de Blanc de Prébois, élève à la suite de l'École.

Employés.

Jean-Louis Lombard père, répétiteur de mathématiques ;
Jean-Antoine-Marie Lombard fils, répétiteur ;
Bastien Colombier, maître de dessein ;
Louis-Joseph Frion, conducteur des charrois :
Antoine Margot,   id.
Joseph Carpentier, ancien conducteur des charrois, à qui
    les appointemens sont donnés en retraite ;
François Duhousset, artificier.

Fait et arrêté par nous commissaires des guerres susdit
les jour, mois, an que dessus.

Naudin[1].

DIRECTION

MM.   *Officiers.*

François-Laurent Pillon Darquesbouville, maréchal de
    camp, directeur.
Pierre-Gabriel Chervin de Rivière, capitaine en second ;
Jean-François-Emmanuel, chevalier de Thieulin, capitaine
    en second ;
Louis-Léger Hospin de Buchet, capitaine en second ;
Jean-François Bourse, ancien garçon major ;
Jean-Baptiste Delpire,   id.

Employés.

Pierre-Michel Le Vasseur, garde magasin d'artillerie ;
Jean-Baptiste Bauffre, chef des ouvriers d'État.

1. Archives de la Côte-d'Or, C. 146.

Les nommés :

Claude-François Franc, dit Saint-Louis, charron ;

Nicolas Le Cleve, charron ;

Michel Rogué, charpentier ;

Joseph Noirot,   id.

Joseph Baillon, dit Beausoleil, charpentier ;

François Chevy, dit La Branche, forgeur ;

Antoine Gaudin, forgeur ;

Simon d'Auver, dit La Forge, forgeur ;

Laurent Mennery, dit Saint-Laurent, forgeur [1].

COMPAGNIE D'OUVRIERS DE PUYVÉRAN

MM.   *Officiers.*

Joseph-Ferdinand de Puyvéran, capitaine en premier ;

Joseph Aubry d'Arrancey,   id.   en second ;

Claude-Jean-Joseph-Pierre du Teil de Beaumont, lieutenant en premier ;

Léopold-Thiébault Mayer, lieutenant en troisième [2].

RÉGIMENT DE LA FÈRE

MM.   *État-major.*

Louis-Cézard, chevalier de la Lance, colonel brigadier ;

Louis-Jean-Charles vicomte d'Urtubie, lieutenant-colonel ;

Jean-Joseph de La Barrière, major.

Théodore-Bernard-Simon chevalier d'Urtubie, chef de
brigade ;

Edme-Michel de Baudesson, chef de brigade ;

Joseph de Quintin,   id.

Louis d'Aux de Lescourt,   id.

1. C. 145 (27 avril 1788).
2. C. 156 (27 avril 1788).

Cézard Mariadée, chevalier de Quiefdeville, chef de
  brigade
Antoine Soine, aide-major ;
André de Goy, quartier-maître trésorier ;
Mathieu de Trébons, aumônier ;
Bienvellot, chirurgien-major ;
Les nommés Guillot, tambour-major ;
                Lalime. armurier [1].

1er BATAILLON

  1re brigade.

Compagnie de sapeurs du chevalier d'Urtubie.

MM.

Jean-Baptiste-Félix de Manscourt, capitaine en second ;
François-Dominique Cavey de la Motte, lieutenant en pre-
  mier ;
Place de lieutenant en second, vacante du 6 octobre 1787 ;
François Poix, lieutenant en troisième.

Compagnie de canonniers d'Arcy.

Louis-Nicolas-Parfait d'Arcy, capitaine en premier ;
Jean-Joseph de Parel, lieutenant en premier avec commis-
  sion de capitaine ;
Antoine-André Guerbert de Belfond, lieutenant en second ;
Claude-Mathieu Mathiot, lieutenant en troisième.

1. Composition de l'État-major suivant la revue du 20 décembre
1787. Pour le reste du régiment, on a donné le relevé de la revue du
31 mai 1788.

Compagnie de canonniers de Lépinay.

Jean-Joseph-Marie de Lépinay, capitaine en premier ;
Marie-Louis-Auguste Richouflz de la Viefville, lieutenant
en second avec commission de capitaine ;
Balthasard-Joseph de Fontanille, lieutenant en second ;
Place de lieutenant en troisième vacante.

Compagnie de canonniers de Verrière.

Nicolas-Grégoire Aulmont de Verrière, capitaine en pre-
mier ;
Louis-Antoine de Roqueferre, lieutenant en premier ;
Jean-Marie Le Pelletier de Monterreau, lieutenant en
second ;
Bernard Gayet, lieutenant en troisième.

3ᵉ brigade.

Compagnie de canonniers de Vigny.

Hilaire-Auguste de Vigny, capitaine en second de la
1ʳᵉ classe ;
Jean-Ambroise Baston de la Riboisière, lieutenant en
premier ;
François-Bernard de Monjenet, lieutenant en second ;
Jean Badier, lieutenant en troisième.

Compagnie de canonniers de La Barrière.

François, chevalier de la Barrière, capitaine en premier ;
Claude-Joseph de Mallet, lieutenant en premier avec commission de capitaine ;

Joseph-Louis-Victor de Bidon, lieutenant en second ;
Augustin Reboul, lieutenant en troisième.

Compagnie de canonniers d'Hennet.

Jean-Thomas-Léonor Hennet de Lambresson, capitaine en
  premier ;
François-Joseph de Lépinoy, lieutenant en premier ;
Alexandre, chevalier Desmazis [1], lieutenant en second ;
Jean-François Rachet, lieutenant en troisième.

Compagnie de canonniers d'Autume.

Jean-Philippe-François, chevalier d'Autume, capitaine en
  premier ;
Louis-Alexandre, chevalier du Raget, lieutenant en premier ;
David-Victor Belly de Bussy, lieutenant en second ;
Antoine Jourdan, lieutenant en troisième.

5e brigade.

Compagnie de bombardiers d'Issautier.

Jean-Louis-Gabriel d'Issautier, capitaine en premier ;
Chriseul-Omer-François de Reulhière, lieutenant en pre-
  mier ;
Louis de Menoir, lieutenant en second ;
George Laval, lieutenant en troisième.

1. « Rentré à l'expiration de son semestre, est à rappeler de ses
appointemens du 18 octobre dernier » ; Note du commissaire des
guerres.

Compagnie de bombardiers de Menibus.

Georges-Aimé Helloien, chevalier de Menibus, capitaine
  en premier ;
Louis-Aimé Roche de Cavillac, lieutenant en premier ;
Michel de Mabille, lieutenant en second ;
Gérard Ferrière, lieutenant en troisième.

2ᵉ BATAILLON
(Suite de la 5ᵉ brigade.)

Compagnie de bombardiers de La Goshyère.

Jean-François Gueroust de la Goshiere, capitaine en pre-
  mier ;
Louis-Farnèse-Platon Hennet de Vigneux, lieutenant en
  premier ;
Napolionne de Buonaparte, lieutenant en second ;
François Grosbois, lieutenant en troisième.

Compagnie de bombardiers de Belleville.

Jacques d'Hennauld, chevalier de Belleville, capitaine en
  premier ;
Toussaint-Gabriel du Raget de Champbouin, lieutenant en
  premier ;
Jean-Hubert Bouvier de Cachard, lieutenant en second ;
Pierre Laurent, lieutenant en troisième.

2ᵉ brigade.

Compagnie de sapeurs de Baudesson.

Jacques-Joseph-Régis de Molines, capitaine en second ;
Basile-Guy-Victor Baltus de Pouilly, lieutenant en premier ;

Jean Sorbier, lieutenant en second ;
Jean-Ignace Pierre, lieutenant en troisième.

Compagnie de canonniers Duhamel.

Marie-Louis de Laurens du Hamel, capitaine en premier ;
Benjamin-Prix des Champs du Vaiseau, lieutenant en premier ;
Bernard-François Marescot de la Noüe, lieutenant en second ;
Hubert Jouffroy, lieutenant en troisième.

Compagnie de canonniers de Fuchamberg.

Thomas-Gabriel-Hyacinthe de Fuchamberg, capitaine en premier ;
François Vimal de la Grange, lieutenant en premier avec commission de capitaine ;
Pierre Pruvot, lieutenant en second ;
Hubert Benoit, lieutenant en troisième.

Compagnie de canonniers de Pommereul.

*** de Pommereul, capitaine en premier, détaché à Naples ;
André-Jean Rolland, lieutenant en premier ;
Charles-François d'Andigné de Sainte-Gemme, lieutenant en second ;
Place de lieutenant en troisième, vacante du 25 octobre.

4ᵉ brigade.

Compagnie de canonniers de Montperreux.

Jean-Baptiste Vannot de Montperreux, capitaine en premier ;
Pierre-François du Raget, lieutenant en premier ;

Léon-Charles Le Lieur de Ville-sur-Arce, lieutenant en
    second ;
Place de lieutenant en troisième, vacante du 12 mars 87.

Compagnie de canonniers de Boubers.

Alexandre-François, chevalier Boubers-Mazingan, capitaine
    en premier ;
Alexandre-Arnould Germay de Cirfontaine, lieutenant en
    premier avec commission de capitaine ;
Marie-Charles de Damoiseau, lieutenant en second ;
Pierre Tabou, lieutenant en troisième.

Compagnie de canonniers de Roche.

Joseph Roche de Cavillac, capitaine en premier ;
Jean de Flayelle, lieutenant en premier ;
Louis-Joseph de Gosson, lieutenant en second ;
Louis d'Aunous-Meras, lieutenant en troisième.

Compagnie de canonniers de Drouas.

Jacques-Marie-Charles de Drouas, capitaine en premier ;
Pierre Rogier de Nexon, lieutenant en premier avec com-
    mission de capitaine ;
Jean-François d'Ivoley, lieutenant en second ;
François-Xavier-Roger Maillard, lieutenant en troisième [1].

---

1. C. 153, 31 mai 1788. Ces listes n'avaient encore été publiées que
d'après les états militaires qui ne donnent ni la composition des
compagnies, ni les noms patronymiques, ni les prénoms des officiers.
— Si l'on ajoute l'état des nobles et privilégiés de la ville pour 1788,
on aura à peu près clos la liste des personnes que Bonaparte put
connaître à Auxonne. — Avant de quitter le régiment de la Fère,

NOBLES ET PRIVILÉGIÉS

MM. le baron du Teil, commandant pour le roy ;
    Petit, maire perpétuel ;
    Buvée, lieutenant civil et criminel ;

relevons une erreur commise plus haut, page 54, note 3. Nous
venons de découvrir, aux archives de l'artillerie, toutes les revues
de ce corps passées tous les deux mois, de janvier 1786 à octobre 1787,
en sorte que la collection en est complète jusqu'en juin 1788, si l'on
rapproche ces pièces de celles qui sont conservées aux archives de
la Côte-d'Or, page 55, note 1. Napoléon Bonaparte faisait partie
du cadre d'officiers d'une compagnie de bombardiers d'abord commandée par le chevalier d'Autune, puis, à partir du 11 juin 1786,
par M. de La Goshyère : cet officier, détaché à l'arsenal de
Strasbourg, était suppléé par le lieutenant en premier, Hennet du
Vigneux, qui avait succédé à de Courcy le 11 juin également. Neuf
compagnies (La Goshyère, Durand, d'Arcy, de Dezerre, de L'Épinay,
de Vigny, de La Barrière, de Hennet et d'Autune) furent détachées
à Lyon où elles arrivèrent le 14 août 1786, sur une route du maréchal de Tonnerre, et où elles furent passées en revue, le 29 août, par
le commissaire des guerres Millin de Grandmaison : Bonaparte y
était présent. Les neuf autres compagnies quittèrent Valence le
16 septembre et rejoignirent à Lyon le reste du régiment : il prit en
entier, le 21 septembre, à l'exception des compagnies de Boubers et
de La Haye détachées en Corse, le chemin de Douai où il arriva le
19 octobre en suivant la route de la cour n° 24. Mais Bonaparte était
parti en semestre pour la Corse en septembre ; il parvint à prolonger
son absence par un premier congé de trois mois et demi, à partir du
16 mai 1787, obtenu le 13 avril, et par un second congé de trois mois,
à compter du 1ᵉʳ septembre, accordé le 27 juillet; aussi est-il porté
comme absent dans toutes les revues sans exception passées par
son corps à *Douai* les 29 octobre et 24 décembre 1786 ; 25 février,
22 avril, 24 juin, 24 août et 17 octobre 1787, veille du départ du
régiment « sur plusieurs routes de la cour, pour se rendre à différentes destinations ». Sur l'affirmation de M. Plouvain (*Souvenirs à
l'usage des habitants de Douai*, nous avions admis la possibilité de
la présence de Bonaparte à la revue du 17 octobre, parce qu'il était
en France, pour ses affaires, à cette époque; mais nous étions dans
l'erreur.

M. de Berbis des Maillis ;

Mme veuve de Berbis ;

MM. de Pillon d'Arquebouville, directeur de l'arsenal ;
Monin, ancien auditeur en la chambre des comptes ;
de Suremain, subdélégué ;

Mme veuve de Suremain ;

MM. Maillard de Biron ;
de Saint-Maurice, commissaire de la marine :

Mme veuve Pelletier ;

MM. Naudin, commissaire des guerres ;
Bogillot, chevalier de Saint-Louis ;
Dufour, officier invalide.

V

PROCÈS-VERBAL DES ÉPREUVES D'AOUT 1788

PAR BONAPARTE, SECRÉTAIRE DE LA COMMISSION

ARTILLERIE

Procès-verbal   *École d'Auxonne.*
en original [1].

Le 8 août 1788, M. le Baron Du Teil, maréchal des camps et armées du roi, commandant de la ville et de l'école d'artillerie d'Auxonne, a donné un ordre portant que : vû les circonstances où l'officier d'artillerie peut se trouver, dans des places mal approvisionnées qu'il faut défendre, d'avoir des bombes de différens calibres sans avoir les bouches à feu qui leur sont relatives pour les jetter ou d'avoir ces bouches à feu denuées de leurs affûts, il étoit très-intéressant de connoître tous les résultats des moyens que l'on peut employer pour se servir de ces bombes dans ces momens de besoin : il a été ordonné à MM. de Quintin, chef de brigade, Lombard, professeur de mathématiques, Duhamel, Menibus, Gassendy, capitaines; Hennet, Rhulières, Duvaizeau, Buonaparte, lieutenans, de chercher ces moyens et d'assigner leur résultat pour servir de guide à l'avenir aux officiers qui se trouveront dans des circonstances semblables [2] et de faire placer hors

1. Ce mot de la main du baron du Teil.
2. Voir ce qui a été dit ici sur le bombardement d'Avignon, pp. 117 et 118.

du polygône 3 pièces de trois calibres différens sans affut, 3 mortiers de même sans affut et un mortier avec affût pour essayer de tirer des bombes de moindre calibre.

En conséquence M. de Quintin a fait disposer à droite du poligone, en face de la bute et à 330 toises du tonneau qui devoit servir de but les bouches à feu suivantes :

En commençant par la gauche 3 pièces de siége, sans affut dont une de 16, une de 12, une de 8, un tronçon de canon, un mortier de 12 pouces sur son affut portant sur une platte forme horisontale construite à l'ordinaire, un de 10 pouces à grande portée et un de 8 pouces.

Toutes ces bouches à feu étoient distantes entrelles de 2 toises, *voici le moyen qu'a pris M. de Buonaparte* pour pouvoir faire tirer des bombes aux trois pièces de siége sans affut.

A l'extrêmité de la ligne de tir, à l'endroit désigné pour leur emplacement, on a enfoncé à terre jusqu'au raz du sol un bout de lambourde de 8 pouces d'équarissage et de 2 à 2 1/2 pieds de longueur, on l'a enfoncé dans le sens de sa longueur en l'inclinant en arrière sous l'angle de 45 d. et on l'a fixé dans cette position par 2 forts piquets (aux pièces de 16 et de 12 et 1 seul à la pièce de 8), inclinés en sens contraire ; le bout le plus élevé de la pièce de bois qui étoit enfoncée au raz de la terre portoit sur la tête de ces piquets et, en damant fortement la terre en arrière et sur les côtés, on a laissé à découvert le plan incliné de devant en ne comblant pas dans cette partie le creux qu'on avoit fait pour placer ce bout de lambourde.

Par le moyen de la chèvre, on a levé la pièce sur ses ances de façon qu'elle fût sur la ligne de tir et le bouton répondant au dessus du bois qu'on venoit de placer, puis on la fait descendre, on a fait porter son bouton sur le plan incliné de ce bois et on a soutenu la pièce en avant des tourillons, sous la naissance de la vollée, par des lambourdes placées les unes sur les autres jusqu'à ce que l'axe de la pièce fît un angle de 43 d. avec l'horizontale parce que cet angle est le plus favorable pour obtenir de longues portées, parce que la pièce venant à s'enfoncer un peu, l'angle se rapprochera toujours de 45 d., angle favorable à la portée, et alors la pièce se trouvant perpendiculaire au plan du bois disposé pour arrêter son recul, sera dans une position plus fixe. On a rempli de terre le creux autour de la culasse et on la damée.

Les lambourdes soutenant la pièce ont été placées perpendiculairement à la ligne de tir et ont été contenues en avant par 4 forts piquets sy appliquant le plus exactement possible et, en arrière, par 2 piquets de même force et disposés de même.

Il a fallu 4 lambourdes sous la pièce de 16, trois sous celle de 12 et 3 sous celle de 8.

En avant de la pièce de 16 et de 12, sous la bouche, on a disposé plusieurs lambourdes pour élever les canonniers servants les pièces et faciliter la manœuvre ; celle de 8 moins élevée n'en a pas eu besoin.

Le tronçon provenoit d'une pièce de 24 dégradée par des épreuves sur l'enclouage ; on avoit scié la pièce perpendiculairement à son axe en sorte que le tronçon n'avoit que 10 p. 3 lignes de profondeur d'âme ; le diamêttre de cette âme étoit celui de l'ame de 24, se trouvoit réduit dans le sens horizontal à 4 p. 9 lignes 1 point à cause d'un coup de canon reçu sur la gauche en dehors qui avoit refoulé le métal intérieurement, enfin la lumière dégradée ne permettoit pas au dégorgeoir de passer.

Ce tronçon a été placé de même que les pièces ; on ne la point soutenu en avant par des lambourdes à cause de son peu de longueur, le dessous de la culasse a porté sur la terre.

Le mortier de 12 sans affût a été disposé comme il suit.

On a fait un creux perpendiculaire à la ligne de tir de 18 p. de profondeur, on a uni et damé le fond sur lequel on a placé une lambourde de 8 pouces d'équarrissage et de 6 à 7 pieds de long dans une situation horizontale et perpendiculaire à la ligne de tir, on la fixée par des piquets à ses deux bouts puis on la entourée de terre bien damée jusqu'au plan de dessus de la lambourde, excepté en arrière où on a tenu cette terre plus bas de trois pouces ; sur cette terre moins élevée, damée et nivelée on a placé une lambourde pareille à la première et sy joignant parfaitement par le moyen de 4 forts piquets, on a arrêté en arrière cette lambourde aussi invariablement qu'on a pu.

On a placé le mortier sur la ligne de tir dans l'angle formé par les deux lambourdes, ses tourillons appuyant dans le bas sur la plus enfoncée et la queue du mortier portant par son plat sur l'autre, mais, comme cette queue debordoit un tant soit peu ses tourillons, on a mis des cales de chêne en coin dessous et en arrière pour les appuyer en entier, enfin on a soutenu la volée du mortier par une lambourde arrêtée en avant et en arrière par des piquets en sorte que le mortier fut pointé à un angle de 45 degrés : et on a planté 2 piquets encor en avant et contre les tourillons, inclinées en arrière pour empêcher le mortier de ressauter en avant par la réaction des obstacles qui arrêtent son recul.

Le mortier de 10 p. à grande portée a été placé comme il suit.

On a pris des pièces de bois de 8 pouces d'équarissage et de 2 pieds à 2 1/2 pieds de longueur, on les a placées en terre debout et inclinées en arrière sous l'angle de 45 d. à droite et à gauche et également distantes de la ligne de tir de la bouche à feu qu'on vouloit placer et laissant entrelles une espace égal au diametre du mortier pris aux embases de ses tourillons plus un demi-pouce de chaque côté pour pouvoir rectifier l'alignement du mortier, quand il seroit placé dans cette intervalle, chaque pièce de bois a été soutenue en arrière dans sa position par deux forts piquets inclinés en sens contraire sur lesquels on a fait porter leur partie la plus élevée qui affleuroit le sol.

On a placé le mortier dans l'intervalle que laissoient ces pièces de bois, ses tourillons portant sur elles ; on a soutenu la volée du mortier par une lambourde à la distance nécessaire pour que le mortier fut pointé à l'angle de 45 d. ; on a arrêté cette lambourde par deux piquets en avant et par deux autres en arrière, on a rempli le restant du creux de terre qu'on a damée avec soin.

Le mortier de 8 p. sans affût a été disposé comme il suit. On a enfoncé en terre une bombe de 10 pouces jusqu'à 4 pouces au-dessous du niveau du sol, sur cette bombe bien affermie, on a fait porter le derrière de la culasse du mortier et on a soutenu les tourillons par 2 forts piquets, enfoncés au niveau du sol et inclinés en arrière, on a soutenu la volée du mortier par une lambourde placée sous elle, à la distance convenable pour que le mortier fût pointé à un angle de 45 d. ; cette lambourde étant d'un fort équarrissage, on a été obligé de l'entailler pour recevoir le ventre du mortier, cette lambourde a été fixée par 2 piquets en avant et 2 piquets en arrière.

On a employé ainsi trois façons différentes pour pointer ces 3 mortiers sans affût : 1° parce que la forme des mortiers ne se prêtoit pas également aux idées d'un chacun ; 2° parce qu'on vouloit voir la méthode la meilleure et la plus expéditive ; 3° parce que la différence des calibres n'exigeoit pas les mêmes précautions.

Les trois méthodes ont réussi jusqu'à présent.

Le mortier de 8 p. a été plutôt placé puis celui de 12 puis celui de 10.

Placement des bombes.

On a pris une tresse de cordages à 3 brins dont chaque brin avoit environ 3 lignes de diamettre, on a fait passer cette tresse dans 2 anneaux de fer où elle couloit librement et on la fixée autour de chaque pièce de canon, sous l'astragalle du collet, par un nœud droit.

Les bombes qu'on a mises à la bouche de chaque pièce après le chargement des pièces étoient fixées par des ficelles à ces anneaux ; on mettoit une ficelle à chaque anse et on fesoit glisser les anneaux pour qu'ils fussent simétriquement au dessus de la pièce, à un tiers de sa circonférence entreux.

Comme, dans le tirage, on sest apperçu que les pièces, sans se déranger, jettaient incessamment leurs bombes à droite ou à gauche de leur ligne de tir, on a pensé que cette inconstance de déviation pouvoit venir de la façon d'attacher les bombes, soit que les cordages ne se rompissent pas dans le même instant quand l'explosion de la charge se faisoit, soit que, dans le temps qui s'écouloit entre la charge et le tirage, les fiscelles cédant inégalement au poid de la bombe qui les tiroit, cette bombe laissât plus de jour à droite qu'à gauche entrelle et la pièce ; en conséquence on n'a plus mis à la dernière séance qu'un seul cordage, arrêté par un seul anneau et une seule anse ; ce cordage étoit par dessus et dans le plan vertical de l'axe de la pièce ; les coups ont eu dès ce moment très-peu de déviation et elle a été constamment du même côté.

Aussi nous pensons que dorénavant c'est de cette façon qu'il faudra attacher la bombe.

Pour arrêter les bombes sur le tronçon : on a placé à côté, vers le milieu de sa longueur, deux piquets vis-à-vis l'un de l'autre et se croisant en dessus semblablement, à la façon des piquets que forment les chevalets portant les armemens dans les batteries, on a arrêté la bombe à la croisière de ces piquets par une fiscelle passant dans une de ses ances.

Il ne faut point lier ces deux piquets par un cordage à l'endroit où ils se croisent, afin de les rendre plus solides, parce que ce cordage à demeure prend feu dans l'explosion de la charge, peut conserver le feu comme une mêche et amener des inconveniens lorsqu'on charge de nouveau.

Le mortier de 12 pouces a été tiré successivement à chaque séance avec des bombes de 8 p. et des bombes de 10 pouces et avec des coins de sappin.

Ces coins avoient les dimensions suivantes :

	pour tirer la bombe de 10 p.	pour tirer la bombe de 8 p.
épaisseur de la tête ou largeur	10 l.	9 l.
longueur de la tête	1 p.	1 p. 11 l. 3 points
longueur du coin	5 p.	4 p. 6 l.
rayon du coin	6 p.	6 p.

Ces coins étoient des demi-segmens de plateau qui avoit 9 lignes d'épaisseur, le profil de ces coins étoit un demi-segment de cercle dont le rayon pour les deux coins étoit le rayon du fond de l'âme du mortier et avoit par conséquent 6 pouces, la flèche étoit égale à la moitié de la diférence qu'il y avoit entre le diamettre de l'ame du mortier et le diamettre de la bombe dont on vouloit se servir et étoit par conséquent de 1 pouce pour tirer la bombe de 10 p. et de 1 p. 11 l. 3 p. pour tirer la bombe de 8 pouces, on a mis 2 p. pour la pratique ; enfin la demi-ordonnée ou longueur du coin s'est trouvé devoir être dans la pratique de 5 p. pour les bombes de 10 p. et de 4 p. 6 l. pour les bombes de 8.

Après avoir tiré deux coups avec des coins seulement on tiroit le 3ème avec des coins et de la terre ; la terre étoit pressée à la main autour de la bombe et non damée ni refoulée.

On ne mettoit que 3 coins à chaque coup; on les espaçoit également et on en mettoit sur le devant du mortier en sorte que la bombe portât bien sur lui quand le mortier étoit baissé.

OBSERVATIONS

On a tiré quelquefois avec les mêmes charges les pièces de canon sans bouchon sur la poudre et avec un bouchon. Dans le 1er cas, la portée a paru en général être moins étendue et nous avons conclu qu'il falloit tirer avec un bouchon qu'on refouloit de deux coups. Dans le tableau des portées, on a marqué à la colonne des observations les coups tirés sans bouchon; on a mis des bouchons aux coups où on n'en parle pas.

D'après le résultat, on remarquera que pour porter une même bombe à la même distance, il faut d'autant moins de poudre que la pièce est d'un plus petit calibre : mais cette diminution paroit n'avoir lieu que pour la bombe de 8 pouces; les charges deviennent à peu près égales, lorsqu'on tire des bombes de 10 pouces; ce qui peut venir de ce que les bombes de 10 p., entrant d'autant moins dans l'âme des pièces que ces pièces diminuent de calibre, offrent moins de surface au fluide expansible de la poudre qui s'échappe aussi plus aisément et plus vite dès que la bombe commence à s'élever, dans cette position; quoique cette raison soit applicable aux pièces chargées de la bombe de 8, on peut dire qu'à cet égard le segment de la bombe qui entre dans la pièce est suffisant pour recevoir d'une moindre charge l'impulsion qui lui est nécessaire pour la même portée.

Après le 2e coup du 19 tiré avec la bombe de 10 p., on

s'est apperçu que la pièce s'étoit baissée à 39 d. ; la bombe
de 10 pouces ne pouvoit plus tenir sur la bouche sans trop
peser sur la fiscelle qui la retenoit, elle l'alongeait, la
bombe ne joignoit plus, etc. On a tiré encore 2 coups avec
une bombe de 8 pouces, le 2ᵉ de ces coups avec 6 l. de
poudre et la pièce remplie de bouchons, la bombe s'est
brisée avant d'arriver au haut de sa courbe et les éclats
ont volé jusque dans le polygône, et, comme au 4ᵉ coup
du même jour que le tronçon a tiré avec 8 l. de poudre la
bombe de 10 p. a été brisée en l'air, on peut présumer
que des charges très-fortes peuvent briser les bombes
lorsque, *peut-être*, un très-petit segment de la bombe
reçoit toutte l'impulsion de la poudre qui s'enflamme.

Après les derniers coups de chaque pièce, on s'est
aperçu le 19 que leur bouche étoit égrénée et pleine de
petites fentes à l'endroit où pose la bombe et cette dégra-
dation n'a été sensible qu'après avoir tiré les bombes de
10 pouces.

Le peu de longueur du tronçon et le boursoufflement
intérieur du métal dont nous avons parlé la rendu difficile
à pointer parce qu'il falloit avoir incessamment égard à
cet excès de métal qui étant sur la gauche faisoit donner
dans les portées les bombes du même côté à cause que le
fluide de la poudre ne frappoit pas les bombes de ce côté ;
on rejettoit le tronçon sur la droite et on ne pouvoit aller
qu'à tatons, parce que chaque changement de charge devoit
faire aussi changer la fausse direction qu'on lui donnoit.

Il est à remarquer que, lorsqu'on charge avec de la
terre, il faut tirer à deux feux ; pour essayer si on pourroit
se passer de tirer ainsi à 2 feux, nous avons renversé la
bombe la fusée en bas quand on l'a mise dans le mortier,
mais la fusée s'est brisée en éclats en sortant, même en
employant de très-petites charges, car nous avons tiré à
cet effet le mortier avec 1 l. de poudre le 19.

On a tiré les 3 mortiers de la droitte avec les charges
ordinaires employées à la batterie intérieure du polygone,
on ne s'appercoit pas jusqu'ici que les méthodes qu'on a
prises pour se passer d'affût soient insufisantes.

CONCLUSION

On peut tirer avec promptitude et exactitude des bombes
de tout calibre en se servant des pièces de siége du calibre
de 16, de 12 et de 8, parce qu'on n'a pas besoin de remettre
en batterie et que tout au plus la pièce s'abaisse un peu
sans se déranger ni à droitte, ni à gauche.

En tirant des bombes de 8 p., pour avoir les mêmes portées, il faudra moins de poudre à mesure qu'on se servira
de pièces de moindre calibre, comme cette diminution de
charge doit provenir de la moindre distance qui se trouve
entre la charge et la bombe, on doit présumer que les pièces
de bataille de même calibre que celles de siége, à égalité de
charge, donneroient des portées plus étendues dans chaque
calibre.

On n'est pas obligé de tirer à deux feux parce que
toutes les fois qu'on a mis des fusées elles se sont
enflammées.

Un tronçon de canon quelque dégradé qu'il soit, pourvu
que la tranche de la bouche soit perpendiculaire à l'axe,
peut servir encore à jetter des bombes.

Un mortier quelconque peut servir avantageusement à
tirer des bombes inférieures à son calibre.

Des mortiers sans affût peuvent être d'un bon service.
Mais :

Si l'on tire les canons avec de fortes charges et de grosses
bombes, ils se dégraderont à l'entrée de l'âme et les

bombes se briseront assez près de la batterie pour être dangereuses à ceux qui les jettent.

Le tronçon de canon, s'il est dégradé dans l'âme par une boursouflure et s'il est très-court, sera d'un service incertain et difficile.

Le mortier chargé avec des bombes d'un calibre inférieur au sien et avec de la terre aura besoin d'être chargé à deux feux ; dans le mortier de 12 p., 3 l. de poudre briseront quelquefois la bombe à son départ.

Les mortiers sans affût seront moins long à mettre en batterie que ne sera construite une platte forme, la bombe sera plus difficile à placés et la direction difficile à corriger, si les mortiers se dérangent.

N^a. Que la poudre employée dans ces épreuves étoit de celle dont 3 onces dans le mortier d'épreuve chassent le globe à 95 toises.

BUONAPARTE

GASSENDI   RULHIÈRE

DU HAMEL   HENNET DU VIGNEUX

Le Ch^{er} DE MENIBUS.   L. QUINTIN.

TABLEAUX DES PORTÉES

Pièce de 16 pointée à 43 d.

On a flambé la pièce et tiré avec des bombes de 8 p.

	Coups	Charges		Portées	OBSERVATIONS
	1	24	onces	34 toises	
	2	32		47	
du	3	40		72	
12 aoust 88	4	40		71	
	5	36		69	
	6	36		68	
	7	36		71	

On avoit flambé la pièce et tiré avec des bombes de 8 p.

	Coups	Charges	Portées	OBSERVATIONS
	1	48	88	Sans bouchon.
	2	48	70	Sans bouchon.
du 13	3	48	88	
	4	64	135	
	5	64	142	
	6	64	139	

On a flambé la pièce; on a tiré avec des bombes de 8 p.

	Coups	Charges		Portées
	1	5	livres	181
	2	5		194
du 18	3	5		192
	4	6		218
	5	6		210
	6	6		223

On n'a point flambé les pièces; on a tiré avec des bombes de 10 p.

	Coups	Charges	Portées	OBSERVATIONS
	1	6	94	
	2	6	100	
du 19	3	6	101	
	4	8	140	
	5	8	100	On a tiré avec une bombe de 12 p.

Pièce de 12 pointée à 43 d.

La pièce a été flambée; on a tiré avec des bombes de 8 p.

	Coups	Charges	Portées	OBSERVATIONS
	1	18 onces	24 toises	
	2	28	48	
	3	36	76	
du 12 aoust	4	36	80	
	5	34	78	
	6	34	76	
	7	34	71	

On a flambé la pièce. Bombes de 8 p.

	Coups	Charges	Portées	OBSERVATIONS
	1	44	100	Le 1er coup sans bouchon.
	2	44	84	Le 2e coup sans bouchon.
du 13	3	44	96	
	4	56	135	
	5	56	134	
	6	56	134	

On a flambé la pièce; on a tiré avec des bombes de 8 p.

	Coups	Charges	Portées
	1	41.8 onces	182
	2	4. 8	181
du 18	3	4. 8	172
	4	5	212
	5	5	188
	6	5	206

On n'a point flambé; on a tiré avec des bombes de 10 p.

	Coups	Charges	Portées	
	1	5	78	
	2	5	76	
du 19	3	5	81	
	4	7	111	
	5	7	150	On a rempli la pièce de bouchons refoulés de 2 coups, de 4 en 4 bouchons.

Pièce de 8 pointée à 43 d.

	Coups	Charges	Portées	OBSERVATIONS
du 12 aoust	1			
	2			
	3			
	4			
	5			
	6			

On a flambé la pièce.

	Coups	Charges	Portées	OBSERVATIONS
	1	24 onces	34 toises	Sans bouchon.
	2	32	60	On avoit mis une fusée à la bombe elle a pris feu en tirant.
du 13	3	32	83	
	4	48	104	
	5	48	111	
	6	48	105	

On a flambé la pièce.

	Coups	Charges	Portées	OBSERVATIONS
	1	31.6 onces	130	
	2	3. 6	136	
du 18	3	3. 6	139	
	4	4	143	
	5	4	162	
	6	4	140	

On n'a point flambé ; on a tiré avec une bombe de 10 p.

	Coups	Charges	Portées	OBSERVATIONS
	1	4	64	On a tiré avec une bombe de 10 p.
	2	4	57 t. 3 p.	
	3	4		Les cordons s'étant cassés et la pièce s'étant abbaissée de 3 d. on n'a pas tiré avec la bombe de 10 p. qu'on ne pouvoit plus fixer.
du 19	4	4	166	On a tiré avec une bombe de 8 p. la pièce étant à 39 d.
	5	6		On a rempli la pièce de bouchons refoulés de 2 coups de 4 en 4 ; on a tiré avec une bombe de 8 p. qui s'est cassée en l'air avant d'être arrivée au haut de la courbe.

*Tronçon d'une pièce de 24 tirant avec des bombes de 8 p.
pointée à 43 d.*

	Coups	Charges	Portées	OBSERVATIONS
	1	2 l.	70 toises	La gargousse vidée, le papier sur la poudre.
du 12 aoust	2	2	88	id.
	3	2	83	id.
	4	2	84	id.
	5	2	96	Avec un bouchon sur la poudre.
	6	2	127	Avec un bouchon, l'espace vuide entre la bombe et la bouche à demi-rempli de terre.
	7	2	226	Le même espace rempli en entier.
	1	3	178	La gargousse vuidée, un bouchon sur la poudre.
	2	3	156	id.
du 13	3	3	161	id.
	4	4	280	id.
	5	4	272	id.
	6	4	278	id.
	1	»	»	Le tronçon s'étant dérangé, on n'a tiré qu'à la 4e salve sous l'angle de 53 d.,
du 18	2	»	»	parce qu'on n'avoit pu l'abaisser davan-
	3	»	»	tage pour le moment, on l'a flambé.
	4	5 l.	334	
	1	6	»	On avoit remis le tronçon à 43 d., il a envoyé sa bombe très-loin à gauche et n'a pas été retrouvé, la bombe étoit de 8 p.
	2	6	236	On a tiré avec une bombe de 8 p. sans bouchon.
du 19	3	7	328	id.
	4	8	»	On a tiré avec une bombe de 10 p.; elle s'est brisée en l'air; il n'y avoit pas de bouchon.
	5	»	»	

Mortier de 12 p. tiré avec des bombes de 10 p. à 45 d.

On a toujours flambé.

	Coups	Charges	Portées	OBSERVATIONS	
12 aoust	1	24 onces	60 toises	La gargousse vuidée, le papier sur la poudre.	La bombe fixée par 3 coins également espacés dont 1 sous la bombe exactement, le mortier étant pointé.
	2	32	95	id.	
	3	32	179	id., le tour de la bombe étant rempli de terre serrée sans être refoulée, la fusée n'a pas pris.	
du 13	1	3 l.	165	La gargousse vuidée, le papier sur la poudre.	La bombe fixée par les mêmes coins et de la même manière.
	2	3	166	id.	
	3	3	288	id., le tour de la bombe rempli de terre pressée sans être refoulée, la fusée n'a pas pris.	
du 18	1	3	165	La gargousse vuidée, son culot seulement sur la poudre.	Les coins id. que les précédens.
	2	3	171	id.	
	3	3 l. 2	327	id., le tour de la bombe rempli de terre pressée sans être refoulée, la fusée n'a pas pris.	
du 19	1	2 l.	182	La gargousse vuidée, son culot seulement sur la poudre, la fusée en bas, la fusée s'est brisée ainsi que dans le coup suivant en s'enflamant au sortir du mortier.	Les coins comme à l'ordinaire.
	2	2	129		

Mortier de 12 tiré avec des bombes de 8 p. à 45°.

	Coups	Charges	Portées	OBSERVATIONS	
12 aoust	1	16 onces	37 toises	La gargousse vuidée, le papier sur la poudre.	La bombe rete-nüe par les mê-mes coins et de la même manière, les 3 premiers coups ont été ti-ré sans fusée.
	2	32	181	id. avec un bouchon.	
	3	32	246	Sans bouchon, avec de la terre serrée autour.	
	4	32	278	id., la fusée ne s'est pas allu-mée.	
du 13	1	3 l.	256	La gargousse vuidée, le pa-pier sur la poudre.	Les coins de même que les jours précé-dens.
	2	3	292	id.	
	3	3	278	id., le tour de la bombe rem-pli de terre pressée sans être refoulée, la fusée n'a pas pris.	
du 18	1	3 l.	278	La gargousse vuidée, le pa-pier sur la poudre.	Les coins de même que les jours précé-dens.
	2	3	271	id.	
	3	3	brisée	id., le tour de la bombe rem-pli de terre pressée sans être refoulée, la fusée n'a pas pris.	
du 19	1	1 l.	48	On avoit chargé comme la veille avec de la terre, mais on avoit mis la fusée entrant dans la chambre du mortier pour voir si elle s'enflameroit sans éclater, elle a éclaté en l'air au sortir du mortier [1].	

1. Papiers de famille. — Suivant une pièce conservée aux Archives de l'artillerie (4. D. 19), « Gassendi, dans son aide-mémoire, dit qu'on s'est servi du même appareil pour tirer à 45 degrés des pièces de 24 sur les côtes pour intimider et éloigner les vaisseaux ennemis » : étant donné le bon résultat obtenu devant Avignon par Dommartin et constaté par Bonaparte, ne serait-ce pas sous Toulon que ce procédé aurait été de nouveau employé avec succès?

VI

NOTE SUR LES SERVICES

DE JEAN-PIERRE ET DE JEAN DU TEIL

Il a paru nécessaire de donner ici les états de services complets des deux généraux du Teil; l'ouvrage duquel ont été extraits les chapitres sur les débuts de Bonaparte contient les renseignements les plus étendus sur tous les officiers de la famille du Teil et sur la carrière antérieure des lieutenants généraux de ce nom.

JEAN-PIERRE DU TEIL DE BEAUMONT
Baron du Teil (1722 ✝ 1794)

Volontaire au corps de l'artillerie,	mars 1731.
Cadet,	18 décembre 1733.
Sous-lieutenant de canonniers au bataillon de Labory (devenu Fontenay puis Soucy),	24 août 1735.
Lieutenant en second de canonniers,	9 novembre 1743.
Lieutenant en premier de canonniers,	29 mars 1746.
Capitaine en second de sapeurs,	14 avril 1748.
Capitaine en premier de canonniers au bataillon de Cosne,	1er janvier 1757.
Employé à Schelestadt,	1er janvier 1759.
Capitaine à la brigade de Mouy,	27 mars 1760.
A obtenu, sur sa demande, une pension de retraite pour raisons de santé,	26 mai 1760.

A rejoint volontairement l'armée et a été employé à
  Marbourg.

Réadmis au corps de l'artillerie et disponible, 20 juin 1761.

Capitaine de bombardiers à la brigade de Saint-Auban,
                                      25 novembre 1761.

Employé à La Rochelle,   13 août 1765.

Rang de chef de brigade,   15 octobre 1765.

Chef de brigade au régiment d'artillerie de Toul,
                                      25 août 1766.

Rang de lieutenant-colonel,   29 février 1768.

Lieutenant-colonel, sous-directeur à Collioure,
                                      11 avril 1770.

Lieutenant-colonel du régiment d'artillerie de Toul,
                                      27 novembre 1773.

Colonel du régiment d'artillerie de La Fère, 1er janvier 1777.

Commandant l'École d'artillerie d'Auxonne, 3 juin 1779.

Brigadier d'infanterie,   1er mars 1780.

Maréchal de camp,   1er janvier 1784.

Inspecteur général d'artillerie,   1er avril 1791.

Lieutenant général,   30 novembre 1791.

Nommé commandant en chef l'équipage d'artillerie de
  l'armée du Rhin.   avril 1792.

N'a pu rejoindre pour raisons de santé.

Employé comme inspecteur général d'artillerie à l'armée
  des Alpes,   *juillet* 1793.

Condamné à mort par la commission militaire de Lyon,
                                      22 février 1794.

Campagnes, 1733, 1734 et 1735, Italie ; 1741 et 1742,
  Bohême ; 1743, 1744, 1745, 1746, 1747 et 1748, Flandre ;
  1757, 1758, 1760 et *1762*, Allemagne.

Blessures :

Éclat de bombe au siége de Tournai, en 1745.

Décorations :

Chevalier de Saint-Louis le 8 mai 1753.

JEAN DU TEIL DE BEAUMONT
CHEVALIER DU TEIL (1738 ✝ 1820)

Surnuméraire au corps de l'artillerie,   11 octobre 1747.
Cadet,   9 novembre 1747.
Sous-lieutenant de canonniers au bataillon de Soucy,
                                            14 avril 1748.
Lieutenant en second de bombardiers,   20 février 1756.
Lieutenant en second de canonniers,   1er janvier 1757.
Passé à la brigade de Mouy,   1er janvier 1759.
Lieutenant en premier,   25 novembre 1761.
Sous-aide-major de la brigade d'Invilliers, 11 juin 1762.
Rang de capitaine,   15 août 1763.
Aide-major du régiment d'artillerie de Grenoble,
                                            15 août 1765.
Capitaine de sapeurs au régiment d'artillerie de Strasbourg,
                                            26 février 1769.
Capitaine de bombardiers,   7 février 1772.
Capitaine de canonniers,   28 juin 1775.
Major du régiment d'artillerie de Toul, 14 septembre 1776.
Détaché comme aide-major de l'équipage d'artillerie de
    l'armée rassemblée sur les côtes de Bretagne et de
    Normandie,   1er août 1779.
Lieutenant-colonel du régiment d'artillerie de Metz,
                                            4 juillet 1784.
Passé au régiment d'Auxonne,   4 octobre 1781.
Commandant général de la garde nationale de Metz,
                                            14 mars 1790.

Colonel directeur d'artillerie à Mézières,   1er avril 1791.
Démissionnaire,   11 août 1791.
A obtenu une pension de retraite,   9 octobre 1791.
Nommé adjudant général colonel,   8 février 1792.
N'a pas accepté.
Nommé maréchal de camp, inspecteur d'artillerie, com-
    mandant l'artillerie du Rhin,   25 août 1792.
Commandant l'artillerie de l'armée des Alpes et d'Italie,
                                                       1793.
Commandant l'artillerie de l'armée des Alpes, juillet 1793.
Général de division,   11 août 1793.
Commandant l'artillerie de l'armée devant Toulon,
                                              31 octobre 1793.
Suspendu provisoirement de ses fonctions, 19 janvier 1794.
Autorisé à prendre sa retraite,   4 avril 1794.
A obtenu une pension de retraite,   16 novembre 1794.
Admis au traitement de réforme,   24 août 1798.
Inspecteur général chargé de l'organisation des bataillons
    auxiliaires de la 3e division militaire,   2 août 1799.
Commandant de place à Lille,   12 mars 1800.
Commandant d'armes à Metz,   13 octobre 1800.
Retraité par décret,   22 mars 1814.
A cessé ses fonctions,   22 mai 1814.
Décédé,   25 avril 1820.

Campagnes :

1747, Flandre; 1758. Côtes de Bretagne; 1759, 1760, 1761
    et 1762, Allemagne; 1799, Côtes; 1790, Nancy; 1792,
    armée du Rhin; 1793, armées des Alpes et d'Italie, des
    Alpes et devant Toulon; 1814. Metz.

Blessures :

Éclat d'obus à la bataille de Minden, 1759;
Contusion à l'affaire de Nancy, 1790.

Décorations :

Chevalier de Saint-Louis, 15 décembre 1772.
Membre de la Légion d'honneur, 11 décembre 1803.
Commandant, 14 juin 1804.

Les portraits des deux lieutenants généraux du Teil figurent au Musée historique de Versailles, salle des Guerriers célèbres, n°s 1202 et 1221.

VII

NOTE

SUR LE CHATEAU DE POMMIER

*Il a été question de Pommier, pages 87, 88, 89 et
90, 105, 106, 107 et 108, sans qu'aucun renseignement
précis ait été donné sur cette terre et sur sa situation :
c'est pourquoi il a semblé utile d'intercaler quelques
détails sur ce château.*

Pommier, aujourd'hui commune de l'arrondissement de
Vienne, canton de Beaurepaire (Isère), a une origine fort
ancienne ; en 1345, Humbert, dauphin du Viennois, y fit
élever « un château ou tour carrée avec trois fortiers » et fit
clore le bourg « tant de murs que palissades ». La terre et
seigneurie de ce nom fut acquise du roi, le 30 mai 1648,
par Humbert de Lyonne, conseiller du roi, maître ordinaire en la Chambre des Comptes : à cette époque, le château delphinal était tombé en ruines depuis plus d'un siècle.

Mais les Chambaran, qui avaient albergé, en 1645, la
tour de Pommier, et avaient fourni à cette terre son dernier capitaine châtelain, ne tardèrent pas à devenir seigneurs du lieu et à en réédifier le château. Le dernier
Chambaran de la branche d'Arzay, Jean-Joseph, laissa
deux filles : l'aînée, Antoinette-Marianne, alliée à Agathange
de Buffévent des seigneurs de Mirebois, recueillit l'héri-
tage de la famille de sa mère, Jeanne du Vache, consistant
en la terre de Vatilieu et la maison forte de Cumane ;
Marguerite, la cadette, mariée à François du Teil de

Beaumont, depuis capitaine au régiment Royal-Artillerie et chevalier de Saint-Louis, eut en partage les biens des Chambaran, les domaines de Pommier et d'Arzay, suivant les testaments de ses père et mère, en date du 23 décembre 1722 et du 17 décembre 1728.

François du Teil de Beaumont et Marguerite de Chambaran eurent quatre fils : Jean-Pierre, Alexis, Jérôme et Jean ; Alexis et Jérôme moururent aux Indes, capitaines au corps royal d'artillerie, le premier à Pondichéry, en 1760 ; le second au siége de Madras, en 1759 ; Jean-Pierre du Teil, héritier universel de ses parents décédés à quelques jours d'intervalle, les 31 janvier et 4 février 1758, s'attacha beaucoup à Pommier où il rassembla une belle bibliothèque militaire et une importante collection d'armes, pillée en partie en 1789. C'est là qu'il reçut Bonaparte, en août 1791 ; le futur empereur fut logé, dit-on, au château, dans l'aile de l'est, actuellement transformée en presbytère ; le bâtiment central a été depuis détruit par un incendie ; l'aile de l'ouest, récemment restaurée, abrite actuellement une école libre sur laquelle on a placé cette inscription :

LE BARON DU TEIL

LIEUTENANT GÉNÉRAL DES ARMÉES DU ROI

REÇUT PLUSIEURS FOIS

DANS SON CHATEAU DE POMMIER

NAPOLÉON BONAPARTE, OFFICIER D'ARTILLERIE

QUI LUI RENDIT UNE DERNIÈRE VISITE

EN AOUT 1791

POST-SCRIPTUM

C'est dans l'intention d'être agréable à mes amis que j'ai
extrait ces quelques chapitres de mon ouvrage intitulé :
Une famille militaire au XVIIIe siècle. Beaucoup d'entre
eux connaissaient déjà l'existence du codicille rédigé par
l'Empereur en faveur des fils et petits-fils du baron du Teil.
Je me plais à redire ici toute la reconnaissance vouée
par une famille royaliste au plus grand homme de guerre
français qui, en rendant un témoignage public d'estime à
la mémoire de son ancien chef, a assuré à la carrière de cet
officier général un glorieux couronnement.

En relisant les pages que je venais d'écrire, je n'ai pu
de nouveau me défendre d'un étonnement légitime que
tout lecteur attentif éprouvera, comme moi, en présence de
la contradiction existant entre les quelques lignes, relatives
au chevalier du Teil, que je me suis vu forcé de relever
dans les Œuvres de Napoléon, et la confiance manifeste que
l'Empereur témoigna constamment à ce général pendant
quatorze ans. Revenant sur l'opinion que j'ai déjà exprimée à ce propos, je tiens à affirmer ici, en terminant, que
je n'entends voir dans ce passage qu'une reproduction
inexacte de la pensée de l'illustre auteur de ces Commentaires.

Grâce aux documents que j'ai pu consulter aux archives
du ministère de la guerre et de la direction de l'artillerie,

grâce aux précieux encouragements que j'ai reçus, de M. Frédéric Masson notamment, je crois avoir retracé. aussi fidèlement que possible, dans quelles circonstances, de 1788 à 1794, les généraux du Teil ne cessèrent de prodiguer leurs meilleurs soins à Bonaparte. Dès le 8 août 1788, le baron du Teil, qui devait « *pressentir les talents militaires de Napoléon* », donnait au lieutenant en second de dix-huit ans, nouvellement arrivé à Auxonne, « *une marque inouïe de faveur* », en le chargeant de diriger d'importantes expériences ; ce bienveillant intérêt que le vieil artilleur portait au jeune officier ne se démentit pas un seul instant jusqu'au mois de septembre 1791, date du départ de Napoléon pour la Corse : bien plus, en juin 1792. lorsque, dans des circonstances critiques pour lui, le futur Empereur sollicitera sa réintégration dans le corps de l'artillerie, c'est le témoignage de « du Teil, son inspecteur », qu'il invoquera.

Un an plus tard, quand Bonaparte rentre en France, définitivement cette fois, il est attaché immédiatement au service des batteries de côte par le chevalier du Teil, comme l'établissent deux lettres écrites le 3 juillet par le capitaine au 4e régiment d'artillerie ; enfin le 19 décembre 1793, ce même du Teil cadet rend un hommage exceptionnel aux vertus militaires de son commandant en second qui, quatre jours plus tard, est promu général de brigade à vingt-quatre ans. C'est ainsi que l'avantage d'avoir favorisé l'éclosion et la maturation d'un pareil génie a fait, pour rendre célèbre le nom de ces vieux officiers, plus que les cinq cents années de services de guerre fournies à leur pays par eux, leurs frères et leurs cousins, plus même, peut-être, que le sang versé pour la France par tous ces braves soldats.

31 décembre 1896.

CORRECTIONS ET ADDITIONS

P. 54, n. 3. — Voir pages 238 et 239 la note 1.

P. 63, l. 14. — Lire : un sergent de *sapeurs*.

P. 75, l. 5. — Lire : ainsi que *de* la résistance de l'air...

l. 12. — Lire : conférences *particulières* au lieu de spéciales.

P. 88, n. 1. — Lire : Du Teil fut très *affecté* au lieu de affligé.

P. 103, l. 23. — Lire : *Ramey* de Sugny...

n. 1. — Ajouter : Il ne serait pas impossible que, passant à proximité de Pommier en février 1791, Bonaparte s'y soit rendu, car il avait intérêt à se ménager la protection de son commandant dont il pouvait connaître la présence en Dauphiné : on a vu qu'il avait peut-être visité déjà Pommier en 1789 (p. 87); mais c'est seulement en août 1791 que la venue de Napoléon dans ce château est certaine.

P. 107, l. 17. — Lire : Constam*ment*...

P. 116, n. 2. — Comme presque tous les autographes ou manuscrits dérobés dans nos dépôts publics ou nos archives de famille, cette pièce était passée en Angleterre, on ne sait comment.

P. 145, n. 3. — Lire : Ramey de Sugny...

P. 150, l. 11. — Lire : orientée vers la hauteur *de* Caire... (ce promontoire était désigné sous le nom de Laurent Caire, son propriétaire).

P. 180, n. 3. — Lire : 34.952 hommes (*sic*).

P. 185, l. 6. — Lire : *inaccessible*...

P. 186, n. 1. — Cette lettre est de la main du baron Noirot, aide-de-camp et gendre de du Teil ; le général avait l'habitude de dicter à cet officier ses lettres et de les signer : il a omis de parapher celle-ci, sous le coup de l'émotion sans doute.

P. 211, l. 22. — Lire : *Vendémiaire*...

INDEX DES GRAVURES

TABLE DES MATIÈRES

MACON, PROTAT FRÈRES, IMPRIMEURS.

www.ingramcontent.com/pod-product-compliance
Lightning Source LLC
LaVergne TN
LVHW050404060726
842524LV00002B/462